Queen Zineb

NEE A TRENTE TROIS ANS

Queen Zineb

NEE A TRENTE TROIS ANS

Éditions Muse

Cover image: www.ingimage.com

Publisher:
Éditions Muse
is a trademark of
Dodo Books Indian Ocean Ltd. and OmniScriptum S.R.L publishing group

120 High Road, East Finchley, London, N2 9ED, United Kingdom
Str. Armeneasca 28/1, office 1, Chisinau MD-2012, Republic of Moldova, Europe
Printed at: see last page
ISBN: 978-620-4-96409-6

NEE A TRENTE TROIS ANS

I. INTRODUCTION

Il est de coutume que les gens connus écrivent une autobiographie sur leur vie vraisemblablement intéressante afin de laisser une empreinte indélébile à l'histoire et aux générations futures. Qu'ils aient raison de le faire ou pas, ils ne se sont peut-être jamais demandé si cela pourrait nous intéresser ou pas du tout car la plus part du temps tel est le cas, d'autant plus qu'ayant déjà supporté un auteur tortionnaire et farfelu durant toute sa vie il se permet de nous laisser sa vie en pages, cerise sur le gâteau comme pour nous dire ''même après ma mort je viendrais vous hanter.'' Mais qui nous connait mieux que nous ? Surement pas vous d'ailleurs. C'est dans l'optique de vous éviter une interview outre-tombe que je me mets à disserter sur ma vie car oui, il s'agit bien d'une dissertation, je vais vous entretenir longuement mais alors ennuyeusement sur la personne la plus controversée qui n'ait jamais existé sur cette terre. Je vous épargne les méthodes classiques d'organisation d'un exposé, comme je suis une ''rulebreaker''. Demandez-moi ce qui me pousse à me mettre à nue et à me suicider devant ma plume ? Pourquoi une *f*emme *a*fricaine *m*usulmane *v*oilée (*famée*), je vous dis tout voilà, voudrait-elle venir exposer devant la mémoire collective… sa vie !

Elle est née un vingt-huit juillet, exactement un vendredi. Ma mère me l'as dit, hein ! Elle a même précisé que ce jour-là il a plu jusqu'au vendredi suivant c'est-à-dire le jour de mon baptême car oui, en islam on baptise le nouveau-né sept jours après. Le jour-j, il pleuvait toujours, vous vous souvenez ? Mais cela n'a pas empêché famille, voisins et proches de rallier notre maison qui coulait sous les forces orageuses de dame nature. Avez-vous une pirogue ? lançait ironiquement ma mère aux invités qui, en ouvrant la porte s'y stagnaient quelques secondes car émerveillés par toute cette masse de H_2O. Nul besoin de pirogue, les briques se chargent du transport, tu les verrais jouer aux saute-ruisseau avec leurs grands boubous et pagnes s'élançant d'une brique à l'autre en ayant surement en tête ceci « rien ne va m'empêcher de manger de la bouillie et de la viande aujourd'hui, s'il faille que je nage en ayant la moitié du corps sous les eaux je le ferais » Comprenez-leur aussi, ils doivent rester longtemps à aiguiser incisives et canines à l'affût d'une fête vu que chez nous les fêtes c'est de vrais bazars, des foutoirs à ciel ouvert où tout le monde fait la risée de la maison hôte sur invitation ou pas pour se goinfrer du matin au soir de riz à la viande accompagné de sauce et parfois de boissons et de beignets pour les plus nantis. N'allez pas penser que c'était aussi le cas pour mon baptême, rien à voir. A part le décor humide et le mouton maigrelet, je ne me rappelle pas d'autre chose d'attirant ce jour, sur ce que l'on m'a raconté, moi peut être ??? La perle qui venait de naître !!!

Dès la naissance j'ai eu la face brulée, brulée mon œil, cramée oui. Au fait j'étais tellement noire qu'on m'appelait noiraud et je me rappelle une tante cousine de ma mère qui lui lançait souvent

« pourquoi vous avez fait porté à cette chose le nom de Tante Maguette ? » Maguette est le nom de la mère de ma mère, c'est donc elle mon homonyme. Du calme je vous explique tout mais *A la papa*

De l'avis des anciens, je porte ce nom pour la raison suivante : la période précédent ma naissance ma famille a vécu une pauvreté chronique et pendant des semaines voire des mois cette grand-mère a assuré le repas de la mi-journée à mes parents alors que le foyer comptait déjà six gosses, sept même si on compte celui qui a rejoint très tôt les cieux. Tous les jours elle régalait ces bouches gratuitement en plus de sa famille à elle et elle ne s'ennuyait jamais, ni ne montrait des signes de lassitude. Avec un mari bien placé à l'époque dans l'une des industries coloniales, encore présente dans cette contrée, elle ne ménageait pas sa richesse rien que pour ses propres besoins, elle la partageait avec tous les nécessiteux qui se présentaient à sa connaissance. D'ailleurs une de mes grandes sœurs qui avait fini par habiter avec elle nous racontait souvent que chaque matin quand grand-mère lui donnait son petit déjeuner, elle offrait en même temps à ses camarades qui venaient la prendre pour l'école du pain qu'elle a pris le soin de préparer pour ces mômes qui venaient sans doute tous les jours pour ce bout de pain. Et à la récréation elle n'hésitait pas à leur donner de l'argent pour s'acheter des friandises pour le goûter. Son mari un certain TamCISS lui poussait sa générosité beaucoup plus loin. Je me rappelle d'une vieille femme, boulangère de son état au temps, qui à chaque fois qu'on la saluait nous répétait « Que vous êtes de sang noble, que vous avez les meilleures grands-parents qui soient » et elle rajoutait « votre grand-père venait tous les jours devant ma boulangerie très tôt à l'aube et payez le pain à des dizaines de familles ici dans ce voisinage et me supplier de ne jamais piper mot à qui que ce soit à défaut de dire qu'un bienfaiteur anonyme est passé par là et votre grand-mère n'a rien saboté de ce projet et l'a toujours soutenu» Sans tambours ni trompettes s'il vous plait. Ce TamCISS a fait par la suite engager mon père dans cette industrie comme quoi au lieu de lui offrir toujours du poisson il lui a appris à pêcher. Quel couple généreux !

Quand je suis née, normal que j'amène mon nom avec moi, il s'imposait de toute évidence et si j'avais été un garçon je vous laisse deviner mon prénom. On m'appela ainsi Maguette jusqu'à mes sept ans âge auquel je devais m'inscrire à l'école et j'ai vu mon enseignant m'appeler Seynabou comme quoi ce nom est mon vrai nom, celui qui se trouve sur mon dossier d'identification nationale et sur les papiers de mon homonyme. Si vous n'avez rien compris, pas de panique moi non plus. Maguette serait donc mon nom traditionnel et le rapport je ne le sais pas et mes parents aussi, on m'a dit de répondre par ce nom et j'ai obéi sans me triturer les méninges. Ok assez parler d'elle et tes parents où sont-ils, vas-tu enfin décider à en parler, ne vous inquiétez pas ils ont survécu à la grande paupérisation et bien plus : Assane et Sofiétou, tous des baby-boomers et au moment où je couche ces mots ils ne paraissent pas si vieux que ça, ils n'ont ni de canne ni n'ont perdu la vue facile. Mais je vais vous dire la vérité étant enfant je détestais trop mes parents et cette haine a survécut jusqu'à pas longtemps quand mes yeux se sont enfin mis à s'ouvrir. Est-ce que tu te rends compte de toute la gravité des propos que tu viens d'avancer ? Mais devenant plus adulte et mâture j'en suis venue à l'idée que ce ne sont pas mes parents que je détestais mais ma propre personne. Vous ne savez pas oh !combien je n'aimais pas la personne que je suis en train de vous décrire, tel n'est plus le cas maintenant je vous rassure.

Mon père a clos les années trente, il est le seul fils d'un couple qui a attendu dix ans sa naissance, c'est sûr qu'il n'a pas manqué d'être unique en son genre. Loin de la vie des fils à papa, fils à maman souvent clochard de leur état truand du reste que les flics ramassent tard le soir complétement saoul devant un bar ou en plein bagarre et qui dès le lendemain rejoignent leur domicile car papa ou maman a eu la ''gentillesse'' de payer la caution. Rien à voir, mon père est clean ! Ah ! Weah, comme c'est pratique. Jugez par vous-mêmes. Le père de mon père était un fervent pratiquant de la religion musulmane qui a vécu sous la période de domination coloniale où les parents se donnaient pour défi de maintenir leurs enfants sous le sceau de l'islam en ne cédant pas à la tentation du christianisme introduit par les missions catholiques. Vous comprenez à quel point il a dû appliquer cette rigueur sur mon père et ce dernier quand il nous décrit ses folles journées de l'époque on n'était pas bouche-bée mais cela nous laissait un fou rire, sans doute un rire honteux de nous qui, jamais au plus grand jamais ne lui arriveront à la cheville. Mon père raconte

« Tôt le matin et à très bas âge mon père me réveillait pour m'amener à la mosquée, ce qui m'enchantait que parce que sur le chemin du retour il m'achetait une baguette de pain rien que pour moi. Après le petit déjeuner direction les champs sur un long trajet d'une dizaine de kilomètres que nous abordions à pieds avec une marche frénétique que j'arrivais à peine à suivre. Jusqu'à mes dix ans je me rappelle avoir enlevé les mauvaises herbes et chassé les intrus des champs mais un peu au-delà de cet âge Baye m'a confié l'arrosage et l'entretien de tout le champ car il prenait de l'âge. Il s'organisait habilement à m'occuper de sorte que je ne l'occupe pas car oui, comme tous les enfants de mon âge j'étais carrément terrible et que de fois le voisinage est venu se réclamer de mes turpitudes et surtout envers mes pairs. Je me rappelle de ce jour où notre voisine est entrée brutalement chez nous en criant à haute voix à ma mère que j'avais frappé son enfant alors qu'à juste ce moment je faisais ma rentrée à la maison avec mon père de retour des champs, la dame a failli tomber à la renverse et se rendre compte à quel point je porte la déveine en moi. Mais je n'avais pas le choix que de me rendre à l'évidence que la seule issue qui me sauvera des foudres de mon père c'était de respecter à la lettre ce qu'il m'enjoignait, j'étais son unique enfant et il avait tout le temps du monde pour moi seul, c'était donc la droiture ou la ''mort''. Si mon père ne m'avait pas canalisé très tôt en cette période d'avant indépendance où les jeunes copiaient toutes les tendances venues d'ailleurs sans modération et avec même exagération, je me serai perdu sans culture et sans religion car lui il savait bien que la peur est un mot que je ne connaissais pas que je n'ai jamais connu. Je fonçai toujours tête baissée et je réfléchissais après les conséquences, je me rappelle un jour dans ma quinzième année alors que j'étais en train d'arroser les champs de mon père j'entendis des gens criaient au secours de l'autre côté et une mère en particulier qui hurlait de toutes ses forces car son enfant était tombé dans le canal qui nous servait d'eau par irrigation, je m'y suis plongé d'un coup sans demander et quelques minutes plutard je sortis l'enfant qui heureusement vivait toujours. Etant lébou, le peuple de la mer et de pécheur, je suis comme un poisson dans l'eau, nager était mon activité préférée après le travail je partais toujours avec mes amis, on se lançait souvent des défis sur qui va aller plus loin et pour preuve on s'arrêtait en plein milieu de la nage pour demander à chacun ce qu'il arrive à percevoir à cette distance et dès qu'un pair voyait quelque chose que nous ne voyions pas on replongeait, personne ne voulait être le dernier, personne ne voulait manquait ce que les autres ont vu et cela nous faisait prendre des risques incommensurables. Par la suite j'ai pratiqué avec passion le football, j'ai participé et gagné des championnats locaux et départementaux, avec une équipe performante composée de jeunes gens qui n'avaient qu'un seul sacerdoce : travail, religion et football. J'avais un cercle d'amis très élargi mais dans ce même cercle il y'avait un cercle restreint d'amis plus intimes et plus infortunés qui n'avaient d'autre motivation dans la vie que d'aider leurs parents, alors on se tuait à la tâche depuis notre tendre jeunesse on a relevé le défi de nourrir nos familles respectives et on se débrouillait pas mal. En plus d'être énormément respectueux de nos parents ce qui fait qu'on ne badinait jamais avec la religion, on allait tous ensemble à la recherche de connaissances approfondies sur la religion. Un jour un homme blanc nommé Raoul était venu à notre entrainement sans que l'on soit informé ni de sa présence ni de l'objet de sa visite, il était venu faire du repérage, il a suivi un de nos matchs qu'on se faisait entre coéquipiers. Je jouais au poste d'attaquant, après une action de ma part il a dit à l'arbitre qu'il voudrait que je reprenne cette même action mais cette fois avec lui comme défenseur, j'ai tout de suite compris que j'avais quelqu'un à impressionner et je n'y ai pas réfléchi par deux fois et je l'ai refait en mieux. Il a alors crié quel talent, quel Assane !-- Il m'a fait alors la promesse d'un contrat professionnel en me disant que si tout se passe bien je pourrais être recruté dans un bon club français. J'étais tout excité à cette idée d'aller monnayer mes talents et j'ai filé directement chez moi pour en parler avec mon père mais ce dernier me dissuada sans tarder. Après m'avoir écouté religieusement Père me répondit en me posant une seule question « « Avec qui partages-tu cette maison ? » » Et la réponse voulait tout dire, j'ai laissé filé cette opportunité car cela n'enchantait pas mes parents, j'étais certes furieux mais je n'avais pas de doute qu'au fond de moi il a agi en mon intérêt et cela me suffisait on en reparla plus jamais. Je suis devenu rapidement responsable, j'étais parmi les premiers à me marier de ma génération à vingt-cinq ans seulement j'ai eu mon premier enfant. Et je ne me suis jamais amusé avec les femmes et pourtant il fut un temps qu'on avait une large gamme de choix mais je ne me suis jamais retrouvé dans l'entre deux jambes d'une fille que je n'avais pas auparavant épousé d'abord. Dieu est avec les femmes, je crois je l'ai compris très jeune avec une expression que me lançait toujours ma mère ''Si tu joues avec elles, Dieu te le fera payer tés cher'', depuis lors ce n'est que du sérieux entre elles et moi. Je ne les abordai jamais dans la rue mais seulement chez elles et devant leurs parents pour m'assurer d'avoir la permission de ceux-là, cela renforçait le respect qu'il y'avait entre nous. J'ai dirigé des organisations paysannes et des associations religieuses du fait de mon éloquence religieuse et pour ne pas me vanter, on a souvent eu gain de cause toutes les fois où j'étais dans les parages car dire ce que je pense et revendiquer le bien-être de mes siens je savais le faire et je ne rechignais pas. Cette période d'après les indépendances la classe ouvrière avait besoin de représentants surtout que la principale richesse de la population était essentiellement tirée de l'agriculture. J'ai alors trouvé ma voie dans la communication ; je ne suis pas devenu riche mais je n'ai jamais commis un délit pour nourrir ma famille, je l'ai fait à la sueur de mon front sans jamais regretter d'avoir fait autre chose. Je suis devenu l'imam de la mosquée locale et quelques années après le chef du quartier : un pouvoir spirituel et temporel m'est alors confié jusqu'à ce jour. Que de fois je me suis trop rapproché du soleil sans pour autant me bruler car je demandais toujours la permission à mes parents, même ma vie a été parsemé d'embûches et que je n'ai pas arrêté de titiller le danger, j'ai pour seul regret de n'avoir pas du tout eu des regrets. » »

Ce n'est pas pour rien que je reste encore célibataire car je m'identifie à mon père et j'aimerai que l'homme de ma vie aussi le soit et des hommes de ce calibre il n'en reste que trop peu. Mon père est mon héros, ce que j'aime le plus chez lui c'est sa constance. Il n'a pas fait les bancs du blanc mais il s'est forgé une personnalité qui inspire rapidement l'admiration et le respect. Pourtant que d'ennemis il a, que nous-mêmes étant enfants on en était témoin plusieurs fois de stratagèmes pour le déstabiliser mais Dieu veillait et veille encore.

Ma mère elle, a un autre trait de caractère totalement différent de mon père, leur nature est forcément complémentaire. Sofiétou elle s'appelle, elle a clos les années soixante et est la quatrième femme de mon père et l'unique qui est restée après la ''famine familiale'', deux se sont envolées pendant et la première est décédée bien avant la venue de ma mère dans la maison quand elle n'avait que huit ans. Sofiétou a donc enduré la galère pour une fille de fonctionnaire, Dieu a bien voulu la préparer car quand elle est née son père l'offrit à une de ses tantes pour son éducation, une tante pauvre avec un mari extrêmement pauvre aussi. Son père les aidait tant soit peu mais les familles africaines sont larges et y'en avait pas que pour ses enfants et son père étant l'ainé il devait aussi s'occuper d'autres sœurs, cousins, neveux et voisins. Ma mère s'occupait très tôt des tâches ménagères de sa tante, étant la seule fille de la maison bien avant la naissance de sa cousine, elle en a vécu aussi de folles journées. Sa tante était une commerçante de poissons au marché central, ma mère allait la rejoindre un peu après dans la matinée, après s'être occupée de la maison, pour récupérer la dépense quotidienne et quelques poissons. C'est seulement après qu'elle pouvait espérer acheter du riz et des légumes pour préparer à manger. Tous les jours elle faisait presque le même trajet sauf pendant l'année scolaire où sa corvée débutait à la descente. Ma mère a fait le cycle primaire mais n'a jamais eu la chance de décrocher un certificat et pourtant brillante elle l'était et je tiens ces mots de sa tante qui était donc comme une grand-mère pour moi et à qui j'ai rendu visite plusieurs fois. Sa tante raconte que l'année où elle a abandonné l'école elle était première de sa classe et malgré cela elle n'a pas pu réussir son examen et comme c'était sa deuxième tentative on ne lui donna pas une autre chance. L'école des blancs était très stricte en ce moment-là, tu passes ou ça casse est un meilleur terme pour les qualifier, le mérite était de mise peu importe la famille d'où on vient ; ma mère avait un très bon niveau mais on ne saura jamais ce qui l'a fait échouer. Cinq ans après elle rejoignit le domicile conjugal dans un ménage avec un homme qui avait le double de son âge, ''ils vécurent heureux et eurent beaucoup d'enfants'', mais une vie empreint de péripéties et de sacrifices.

Je me demande encore pourquoi tout ce sacrifice ne se déteint pas sur moi ? En Afrique on dit ''qu'un cheval n'accouche pas d'un âne'' ou ''les chiens ne donnent pas des chats'' mais moi j'ai l'impression que je ne viens de nulle part et que l'on m'a déposé ici dans cette magnifique famille par erreur. Je fais tout différemment des autres, on dirait une étrangère dans sa propre famille et cela m'agace d'autant plus qu'on dit qu'une parole du prophète de l'islam affirme que quand quelqu'un qui a un mauvais trait de caractère se sent pas bien même avec les siens, alors les autres n'en parlons pas. Je reste dans mon coin, je ne parle que très peu, je réfléchis comme une dingue, des réflexions très coincées d'ailleurs. On a souvent rit de moi quand je faisais part de mes pensées en étant enfant et ça plus ma face que personne ne s'attardait à regarder m'éloignaient davantage du regard des autres : vraiment qu'est ce qui reste à un enfant si on lui fait savoir trop tôt son défaut de beauté et d'intelligence. Je me réfugiais alors au-delà des murs, je parlais toute seule, je me créais un monde où j'étais l'héroïne. Ce mot me hanta jusque dans mon âge adulte et je voulais tout le temps sauver mes proches de la pauvreté, étant la première à atteindre l'enseignement supérieur mais surement pas la seule sous peu car avant moi s'il y'a eu des cancres après moi, les génies. Je voyais en moi alors une salvatrice, celle qui n'a jamais impressionné personne mais qui a l'occasion de le faire grâce à l'école, je n'allais pas la rater, mais deviner quoi ? J'ai lamentablement échoué, jusqu'ici en tout cas. Que de fois j'ai pris mon courage à deux mains en me disant que je vais faire les choses pour moi d'abord, en poussant à bout mes études, mais il suffisait d'entendre au loin ma mere dire qu'elle a emprunté pour payer le gaz ou que mon père demande le nombre de jours qui nous reste avant que l'on ne coupe le courant pour que j'abandonne toute idée de faire plus d'école. Je me stressais à longueur de journée pour trouver un emploi et s'il arrivait par malheur que je dois sortir pour aller en ville déposer des papiers ou ne serait-ce que pour photocopier je voyais leur regards pleins d'espoir m'accompagnaient avec ferveur espérant de tout cœur que je rentre avec une offre à la main. Hélas ! Pour une personne introvertie comme moi, qui n'avait que son imagination comme atout, dans le monde des affaires j'étais comme une normie qui se retrouvait au pays des sorciers. Complétement dépassée par les événements, nulle sur tous les écrans, incapable de rallier la théorie à la pratique de la vie réelle, je réussissais parfaitement mes entretiens car s'il y'a une chose que je sais faire mieux que quiconque c'est d'apprendre une leçon et la réciter sans oublier la moindre virgule et ses entrevues étaient pour moi une séance de questions probables et de réponses déjà préparées. Mais dès que l'on me laissait les rennes pour montrer ce que je vaux, je ne brillais que par mon incompétence et l'on me renvoyait au bout de quelques mois. J'essayais alors de retourner à l'école mais j'avais perdu le goût des études et la motivation je me retrouvais ainsi dans un cercle vicieux infernal totalement perdue et ne sachant pas quoi faire de mon avenir. Ce sentiment de confusion était renforcé par mon âge, il n'y' a pas eu une classe ou je n'étais pas la plus vieille sinon des plus vieilles, je me comparais sans cesse aux autres et à leurs réussites mais surtout je me renseignais d'abord sur leurs âges et bien souvent cela me laissait un goût amer sur ma personne, un dégoût tout simplement. Le domaine où j'excellais plus que tout le monde c'est l'imagination ; et dans mes histoires les personnages racontaient les histoires d'autres personnages à n'en plus finir telles des poupées russes et j'y mettais toutes celles que je rêvais de devenir. C'est ainsi que je suis devenue la femme noire voilée—Je sais que vous êtes complétement perdus—Mais continuez à lire.

II. THE BLACK VEILED WOMAN

En plein vingt-unième siècle pendant que les libertés sont à leur paroxysme dans tous les recoins de la planète, la race noire et la religion musulmane font encore l'objet de toute forme d'attaque de la part des media et des complotistes-conspirationnistes. Pendant ce temps une femme noire voilée débarque en plein cœur de sortie de crise et de montée de théories suprématistes et anti-islamiques pour vivre le rêve américain au même titre que n'importe qui mais hélas elle va vite se rendre compte que la vie n'est pas aussi rose de l'autre côté de l'Atlantique qu'Hollywood nous fait croire. Toute sa jeunesse elle n'a eu que trois vœux : devenir actrice, scénariste et auteure mais maintenant qu'elle a couvert ses trente ans et mis le voile elle se doit de redéfinir ses priorités. Elle commence enfin à y voir plus clair, dans tout ce chaos et à entrevoir son chemin ; c'est d'ailleurs cela qui l'a poussé à écrire un livre sur sa vie qu'elle est venue faire éditer aux Etats-Unis avant d'entamer son chef-d'œuvre de sept tomes racontant l'histoire d'un Elu qui doit sauver l'humanité. Elle entre en prison de haute sécurité par erreur car elle était au mauvais endroit au mauvais moment selon certains et pour d'autres elle est juste victime de l'Amérique d'après COVID. Heureusement sa Co-prisonnière, une jeune fille à l'intelligence débordante atterrie en même temps qu'elle dans un milieu hostile et très étrange, mais très rapidement elles vont devenir amies et bien plus. Cette dernière va aider, avec son frère à faire la promotion du chef-d'œuvre à travers internet et ce projet ne sera pas sans ambages, les trois jeunes vont se heurter à la ténacité d'un arnaqueur professionnel qui va tout faire pour convaincre le monde que l'histoire lui revient mais la science va trancher en faveur du vrai. Une nouvelle vie va débuter pour elle comme prédit par le moine. Dans cette Amérique d'alors hostile à son espèce, elle se voit ouvrir les portes qui étaient les plus fermées, elle vit enfin le rêve mieux encore elle est le rêve.

I. Coup de pouce de la « Maison de DIEU »

Le téléphone sonna trois fois mais Zen dormait encore et sentait absolument rien, son lit elle ne la quitte plus depuis un moment devenue paralysée par le tournant des événements, elle oscille entre espoir et peur. Elle ne se rappelle plus combien de fois elle a confondu sa sonnerie avec son alarme et ce dernier n'est capable que de l'emmitoufler encore plus profondément sous sa couette ; elle ne bougeait pas le plus petit doigt mais c'était sans compter sur l'insistance de la personne à l'autre bout du fil.

_Allô, se décida-t-elle de dire finalement avec une voix rauque

_Oui, je suis bien avec Zenab. Dit une voix nasillarde dont on comprend à peine ce qu'elle dit

_Oui, c'est bien moi, c'est pourquoi ?

_Je vous appelle de la part du père Marc, fondateur de la « Maison de DIEU », à ces mots Zen se redressa pour écouter attentivement en retenant presque sa respiration, je voulais vous annoncer que votre candidature à la bourse de parrainage a été acceptée et que très bientôt nous allons entrer en contact avec vous sur les formalités d'usage pour commencer votre processus d'immigration. Je viens d'ailleurs de vous envoyer un email, je ne sais pas si vous l'avez vu ?

_Non, pas encore je vais tout de suite le vérifier. C'est carrément dingue, je suis prise crie-t-elle haut et fort, merci de me donner ma chance

_ce n'est rien, on est là pour ça. Alors je vous laisse lire le message et me revenir d'accord ?

_C'est noté Madame, je n'y manquerai pas. Et svp remerciez tout le monde là-bas de ma part

_Ce sera fait. Félicitations encore et très bonne journée

_Merci beaucoup et à vous pareillement, elle se perdit en remerciement très longuement

Zen sauta du lit avec une telle ardeur que même le Seigneur se demandait ce qui l'a bien fait sortir de son trou éternel car il faut le dire elle s'était depuis un moment fâchée avec le ciel et toute sa créature. Elle consulta ses emails et tomba enfin sur un nom pas habituel, ce qui n'était pas arrivé depuis très longtemps, tous les jours elle recevait les mêmes messages des mêmes sites et des mêmes personnes sans aucun contenu informatif de ce qu'elle voulait entendre, ça la frustrer davantage. Mais aujourd'hui c'est son jour, même la nature semble s'harmonisait à ses désirs ''demande et on te donnera'' lui soufflait-elle. Dans sa boite de réception il y'avait là un message

Fondation Maison de DIEU

De: maisondedieu@service.org

A: zen@hotmail.com

Bonjour Zen,

Votre inscription sur notre plateforme le numéro 2807 a bien hérité d'une bourse de parrainage pour le programme ''un membre-un parrain'' comptant pour l'année 2020-2021. Cette bourse va couvrir les frais de formation professionnelle dans n'importe quel domaine choisi par le récipiendaire pour une durée maximale de deux ans. Noter bien que si le bénéficiaire ne se trouve pas sur le territoire américain, la fondation se chargera de ses frais de voyage, de son logement et de sa restauration. Les frais de son assurance lui incomberont également. Nos services vous contacteront bientôt pour de plus amples détails.

Cynthia MALL

Directrice des opérations pédagogiques

Maison de DIEU, New York City

Zen ne tarda pas à y répondre pour montrer qu'elle a bien reçu le message et témoigner sa gratitude pour l'organisation. Sa mère venait de faire son entrée dans sa chambre et son sourire illuminait encore toute la pièce. Pourtant depuis des jours, elle n'adressait plus à sa mère qu'un simple bonjour à peine audible en la regardant comme si toutes ses souffrances lui ont été causé par cet être qui l'a mis au monde dans un environnement sans grandes possibilités et qui sans doute devait la laisser naitre ailleurs très loin de la pauvreté qui la caractérise. Elle en voulait à ses parents au fond d'elle sans le dire et elle en voulait également à la société dans laquelle elle vit, elle rêvait d'une vie meilleure fait de paillettes, de belles voitures, d'une belle maison et de voyage à travers le monde. Sans vouloir l'affirmer la vie des grandes célébrités du showbiz l'attirait vraisemblablement et cela augmentait de jour en jour sa frustration devant son impuissance à réaliser son désir caché. Zen était en fait comme la plupart des jeunes africains qui aspirent à être panafricains dans leurs pensées et manières de voir le monde tandis que dans leurs cœurs ne règne que l'amour de l'argent et des extravagances mondaines. Sa mère savait que quelque chose lui a été annoncé, une bonne nouvelle en l'occurrence, elle ne se rappelait pas la dernière fois qu'elle l'avait vu ainsi. Le long de la journée c'est une mine renfrognée qu'elle leur servait sans piper un seul petit mot de courtoisie à l'endroit des membres de la maisonnée, salut elle ne leur disait pour toute parole. Elle était vénère, le moindre regard la mettait aux aguets prête à réagir elle restait toujours à l'affût d'une quelconque dispute ; les critiques elle ne les recevait qu'à poings fermés à la longue toute sa famille lui avait tourné le dos en la laissant dans sa solitude intime. Mais une mère ne peut pas agir comme tout le monde, elle revient de temps en temps en arrière dans l'espoir de voir son enfant changer de comportement mais hélas Zen s'obstinait dans son attitude en se disant en tête que c'était aux autres de la comprendre et donc de partager ses peines en étant un peu plus flexibles à son endroit. Son entêtement à ne broyer que du noir lui empêchait de voir les efforts de sa famille car après tout elle n'était pas la seule à souffrir de leur paupérisation.

_Je vois que tu ris lui lança sa mère, qui est venue s'asseoir au près d'elle avec un regard de profonde interrogation

_je parlais à une personne sympa tout à l'heure dit Zen, ne voulant pas mentir à sa mère mais ne voulant pas aussi lui révéler tout de suite la nouvelle. C'est le vieux secret-surprise qui doit faire danser la famille quand on la lâchera au moment opportun, pour une jeune africaine c'était important de surprendre avec une bonne nouvelle dans laquelle tout le monde portera désormais tout son espoir. Cela assèche les larmes pour un moment et rend l'atmosphère familiale beaucoup plus conviviale.

_Et pourquoi tu ne sors pas parler aux gens, même ton père dit qu'il ne t'a pas vu depuis ce matin, il est inquiet précise la maman toujours décider à la faire sortir de sa torpeur. Mais cette fois-ci c'était son jour de chance car Zen était prête à la suivre

_Je dois d'abord prendre mon bain, je viens juste de me réveiller

_Je m'en suis rendue compte à ta mauvaise haleine lui rétorque sa mère avec un large sourire. Zen lui sourit en retour ce qu'elle n'avait pas fait depuis belle lurette. Elle se leva prit sa pâte dentifrice de son sac et attrapa au volant sa brosse à dents.

Cela fait plus de deux mois que Zen ne dort plus que d'un seul œil, toutes ses pensées sont dirigées au pays de l'oncle Sam et plus particulièrement la grosse pomme qu'elle s'impatiente à visiter avec son Wall-street et son parc. Elle a obtenu presque tous les documents officiels qui lui ont été demandé par les services citoyens pour les formalités diplomatiques ainsi que la direction administrative de son université d'accueil. L'attente a été longue et le silence radio a failli la faire rebasculer dans le désespoir mais cette fois toute la famille était là pour l'épauler et la faire tenir bon car depuis l'annonce d'il y'a moins de deux semaines aux autres membres, sa mère auparavant, toutes les prières lui retombent dessus et toutes les bonnes choses recoupent sa personne ; une manière à chacun de montrer son soutien moral et psychologique en attendant en retour un appui matériel très bientôt. Son visa sort enfin et elle doit partir cette semaine avant de rater les premiers cours qui sont destinés à une mise à niveau avant de rejoindre les classes officielles. Malheureusement sa famille ne peut lui offrir le billet et la valise magique, il fallait qu'elle fasse un choix carrément évident mais elle atterrira alors chez Big Brother avec un petit sac où il y'a le seul minimum nécessaire. La messe est dite, Zen sort du portail de la maison, serre la main gauche à chaque membre de sa famille comme il est de leur coutume de le faire elle s'y plie avec un air goguenard certes mais elle le fait qu'à même ce n'était pas le moment de chercher des complications, l'instant est solennel et elle désire qu'elle le reste. Cette tradition selon les vieux permet de revoir la personne qui part saine et sauve. Les aurait-elle dit sûrement que prier est plus simple, si elle en avait l'occasion mais bon, une poignée de main n'a jamais tué personne après tout, s'est-elle certainement dit. Mais en ce moment-là elle se rendit compte que sa tête était ailleurs mais que son cœur restera toujours au pays, retourner à la maison et assister impuissamment à la souffrance silencieuse de sa mère… à la saint glinglin.

Zen a fait son baptême de l'air, à son âge les gens de sa génération ont déjà exploré le monde mais elle, elle se dit qu'elle en est encore à ce stade du premier pas mais elle était bien décidée à avancer même si c'est à pas de caméléon l'essentiel c'est de relever le défi qu'on s'est imposé et ça tombe bien des projets elle en a un pléthore et malgré tout le côté négatif qui l'a longtemps caractérisé, le désir rugissait encore en elle et ne l'a jamais quitté. L'accueil fut sympa et les gens de la fondation n'ont ménagé aucun effort pour leur offrir la plus chaleureuse des bienvenues et à chacun est rendu disponible un tuteur pour l'accompagner ses premiers jours d'intégration dans le nouveau monde d'après COVID.

Les journées sont hyper chargées pour Zen après les cours c'est direct à la bibliothèque locale où elle doit travailler comme assistante de la gérante et faire en même temps ses recherches mais ce week-end elle aura l'occasion de sortir un peu de son carcan habituel pour aller rencontrer l'éditeur que lui a arrangé la fondation. Il était vingt et heure quand Zen rentre dans sa chambre complétement épuisée, qui diable à créer les lundis ? Se plaignait-elle, mais il était hors de question qu'elle reste encore longtemps sur ce lit tentant, elle a promis à sa mère qu'elle n'abandonnerait plus jamais la prière quoi qu'elle endure, elle tiendra bon et se conduira en toute responsabilité et en toute dignité devant son créateur. Vas-y Zen, t'y es presque, demain incha Allah, c'est le grand jour ; ton bouquin verra le jour.

La journée de dédicaces s'est bien passée, la fondation a organisé un moment littéraire dans ses locaux et a pu dénicher quelque gens connus dans le milieu pour assister et donner une touche moins fade à l'événement et un coup de pouce à une jeune écrivaine. Le succès commence à la suivre où elle va et avec les quelques dollars qu'elle a récolté elle envoie de l'argent au pays et tout le monde est content mais hélas pas pour longtemps. Les taxes de sortie de liquidités ont été augmenté sous un prétexte masqué que l'Amérique doit le plus profiter des immigrés avant quiconque pour se reconstruire certainement mais ils l'ont justifié autrement en disant que le coût de la frappe monétaire et du tirage de billets ont été augmenté à cause de la crise. Et cerise sur le gâteau la fondation a réétudié son arrangement avec elle et le contrat a été revu à la hausse, comme par hasard. Que se passe-t-il dans ce pays devait-elle se demander, l'Amérique compte-t-elle sur la main d'œuvre migratoire pour renflouer ses caisses, surtout que son tissu industriel n'a pas été raté par *la conséquence*. Evidemment rien de tout cela n'était vrai mais quand il faut couvrir la ''grande farce'' on ne lésine pas sur les moyens car nul n'ignorait d'où devait partir la main salvatrice puisqu'après tout pourquoi. Entre l'État et la fondation qui l'exploite au mieux, plutard que l'organisation est une farce, tout ce qui les intéresse c'est d'attirer des cerveaux avec de nouvelles idées peu importe leur niveau de qualification pour les exploiter à leur insu ; toute la bourse et l'assistance ne sont pas gratuites en fin de compte, le bénéficiaire rembourse tout jusqu'au dernier centime sinon même plus. Et au moment de dénoncer ses bourreaux elle est victime d'un complot.

II. Arrestation par la brigade antiterroriste

Zen revenant de la salle de prières ; ramasse expressément son sac et s'apprête à rentrer

_salut Mareth, à demain

_''bo'nuit'' dit Mareth avec un air ironique

_Dis tu vas arrêter de massacrer la langue de Molière oui, répond Zen avec un ricanement tout en s'éloignant

Dans le bus, la police débarque sur le chemin du retour pour cause de vérification des passagers car depuis l'ouverture générale des frontières des fraudeurs sans papiers rallient le pays en nombre. DIEU merci, Zen a tout ce qu'il faut mais sa malchance c'est que c'est une voilée elle a droit à un traitement de défaveur, le surplus immanquable quand on porte de cette manière son mouchoir de tête.

_Votre sac svp Madame dit un des agents

_Et pourquoi répond une jeune fille assise à côté de Zen. Peut-on savoir pourquoi elle et non tout le reste ? Zen regardait avec attention le spectacle des flics non sans réagir

-Madame rasseyez-vous et gardez votre calme, c'est à elle qu'on s'adresse reprit l'agent sur un ton un peu dur

_M'avez-vous raté ? Ce sera tous ou personne suis-je bien claire. La jeune fille parlait avec une telle confiance que cela inspira Zen à lire sur son t-shirt et comme par miracle il y est écrit « Humans Lives Matters », Zen dut hocher invisiblement la tête car elle savait ce dont est capable cette organisation. Elle est née il y'a moins d'un et a rapidement gagné une audience au près du peuple, sa neutralité peu importe de quelle communauté on appartient en a séduit plus d'un et les gens continuaient à affluer de tous les côtés pour l'intégrer; elle s'est fait une reconnaissance légale et des droits auprès des autorités et s'est érigée en sorte de bouclier pour le compte de tous les discriminés. Les agents ont vite compris que la jeune fille ne leur laissera pas faire ce dont ils ont si envie, ils se sont alors éloignés avec une colère noire qui fit comprendre à Zen que ce n'est que partie remise. Zen descendit à un point inhabituel et n'arrêta pas de regarder derrière elle toutes les minutes pour voir si elle n'était pas suivie par quelque gens. Elle tournoya et changea de direction plusieurs fois avant d'atterrir chez elle un peu plutard, Zen n'a certainement pas peur mais elle sentait un permanent danger autour d'elle et comme elle l'avait pressenti elle découvrit sous son lit des matériaux explosifs. Zen fit deux pas en arrière en se tenant la bouche par la main gauche, elle bondit sur son sac et l'ouvrit précipitamment et sans surprise elle y trouva enfoui dans une des poches la plus souterraine des documents qui n'étaient pas là avant et qui se trouvent être un plan de fabrication d'une bombe artisanale. Qui a pu les mettre là, qui a accès à ses affaires, qui connait chez elle ? La réponse se trouvait au bout d'un syllogisme. Zen ramassa son sac et s'éloigna in extremis de sa chambre car elle entendit des hommes venir des escaliers avec une démarche saccadée connue des pas militaires, elle ferma la porte à double tour, rebroussa chemin et prit la direction des airs par l'aide des fenêtres et atterrit dans le toit voisin. Elle se démerda entre coins et recoins et finit par mettre les pieds sur terre, en ce moment elle se cala dans un coin de rue pour observer avec intérêt leur démerdement : entre soulèvement de chaises, tirage de tiroirs, lit mis sens dessus, sens dessous, vidage d'armoire sa colère avait laissé place à un questionnement profond, quel est l'objectif derrière tout ce projet ?

Il est huit heures Zen se releva précipitamment dérangée par l'odeur de toute la masse qui l'entoure, elle sursauta d'un coup pour s'éloigner de cet endroit ignoble qui l'avait servi la nuit passée de lit. Elle se mit à se gratter et à enlever les débris encore présents sur ses habits, cela ne fait plus aucun doute Zen a passé la nuit dans un bac à ordures. Elle s'adossa au mur d'à côté avant de constater qu'elle se trouve au pied d'une église, elle recula et prit son voile pour frotter la partie qu'elle pense avoir souillé puis elle défait son foulard pour en faire juste un mouchoir de tête, en réalité elle venait d'avoir une idée tout à fait saugrenue à l'entente de la sonnerie des cloches annonçant la messe. Zen avança à pas sûrs, entra dans l'église et s'assit carrément derrière sans regarder personne pour ne pas se faire soupçonner par les habitués de ces lieux. Mais c'était sans compter sur le maitre des lieux qui connait bien sa maison, en effet dès son entrée il se mit à renifler à l'air un moment et oublia de demander à l'auguste assemblée de se rasseoir. Le comportement bizarre du père commençait à questionner sérieusement l'assistance mais il continuait son acte en orientant son nez d'un côté à l'autre comme pour rattraper une odeur à la volée qui semble échapper à son contrôle. Le père quitta son autel et commença à avancer lentement vers les fidèles tout en répétant à leur endroit—« le ciel est nuageux aujourd'hui, chers enfants »-- A ces mots les yeux fuyaient de partout cherchant l'intrus et on interrogeait son vis-à-vis du regard avec une mine inquiète, quant au père, dans ses inquisitions continuait à fixer chaque personne dans la salle. Son regard se posa sur Zen, celle-ci hésita et baissa momentanément les yeux et le père comprit qu'il faudrait mieux en rester là.

_Que cherchez-vous dans ces lieux ma fille ? demanda le père

_Avez-vous eu peur en me voyant mon père ?

_Absolument pas ! Je ne suis pas tout le monde, je suis un père

_Qu'est-ce que cela veut dire ? interrogea Zen

_Jamais sur cette terre tu ne verras un homme de DIEU accuser sans fondements une personne de semer la terreur chez ses voisins ou de tuer au nom de quoi que ce soit. Les enjeux ne sont jamais les mêmes et cela change évidemment les objectifs. Tu sais quand on a foi en sa foi, on part à la rencontre de l'autre sans peur car on ne craint pas d'être transformé mais d'être rajouté

_Vous êtes franciscain ? demanda Zen avec intérêt

_Non ! Rien de cela, on n'a pas besoin d'être franciscain pour savoir que ceux qui comprennent le mieux les musulmans sont ceux avec qui ils partagent leur histoire : les chrétiens sénégalais vont avoir plus de tolérance sur les musulmans sénégalais que le reste des autres chrétiens mais dans ces contrées on s'est confectionné un TARA sur lequel on s'assoit

_TARA ?

_c'est une sorte de natte et j'ai pris le concept de Seydou Bodian dans ''Sous l'orage'' et dans notre cas cela signifie « Tolérance, Acceptation, Respect, Amour ». Tout part de la tolérance, on n'aime pas ou on peut ne pas aimer d'un coup une personne mais on peut apprendre à l'aimer à travers un processus.

_Vous êtes incroyable, je ne voudrais pas abuser de votre hospitalité vous en avez fait assez mais…à peine eut-elle prononcé ce mot que le père comprit

_Pas de soucis, vous aurez tout, dites seulement. En ce moment Zen se rappela d'une citation de Marivaux qui lui passa furtivement à l'esprit « Les âmes généreuses ont cela de bien qu'elles devinent ce qu'il vous faut et vous épargnent la honte d'expliquer vos besoins »

III. Relation avec EDITH

Dans la cour de la prison Zen chercha des yeux un endroit calme pour atterrer son cul malmené plusieurs fois entre sa cellule et la barre pour les besoins de son jugement mais en attendant elle est détenue à la prison de haute sécurité pour femmes en situation de danger public. Elle avança lentement mais surement en ne regardant personne mais en gardant son regard verticalement droit, évidemment tous les coins étaient déjà pris par les chefs de gangs un endroit qui leur permet certes de garder un œil sur tout le monde notamment sur leur ennemi. Zen n'a pas du tout envie de faire pareil mais ce n'est sûrement pas le moment de faire montre de ses aspirations au changement : faire de la prison un lieu social et sociétal ; depuis des jours qu'elle observe cette cour glaciale où des clans qui se regardent en chien de faïence se sont créés où trainent quelques solitaires se voulant neutres de leur état pour ne pas s'attirer les foudres d'un groupe. Zen les regardant sans les fixer en balayant d'un côté à l'autre se disait en sourdine : je ne vivrai pas dans deux prisons en même temps, c'est toujours l'autre monde qui est la prison et non là où je vis, cette entité se dit-elle en levant la tête et en observant les lieux dans leur globalité sera ce que nous en ferons. Au moment de redescendre son regard, ses yeux recoupèrent ceux d'une jeune détenue assise dans une position non ordinaire rappelant une rebelle qui semblait repousser et attirer tout le monde extérieur. Le troisième coup d'œil ne se fit pas attendre de la part de Zen qui la dévisagea cette fois des pieds jusqu'aux rastas, les secondes qui ont suivi elle détourna certes le regard de cette inconnue mais reconnait dans toute son âme que sa conscience est emprisonnée dans quelque chose qu'elle ne comprend pas, Zen se laissa dessiner un petit sourire dans sa joue droite. L'alarme retentit plusieurs fois et tout le monde se précipita au milieu de la cour pour faire la queue, les vagues se rejoignaient de la gauche vers la droite et au gré du mouvement des troupes les fils se formèrent de sorte que Zen eut l'inconnue derrière elle. Zen ne sentit pas seulement son souffle dans le dos, ni son regard perçant mais tous les pôles opposés de ses atomes qui l'appellent et l'attirent vers elle, Zen remodela son voile et en envoyant l'une des extrémités derrière heurta le visage de la jeune fille : moment propice et occasion à ne pas manquer pour en savoir davantage sur cette voilée qui ne lui est visiblement pas indifférente.

_Bah ! Allez-y je vous pardonne hein, dit la rastawoman avec un généreux sourire. Zen n'en croyait pas ses oreilles, l'inconnue venait de lui adresser un mot inattendu elle ne tarda pas à tourner tout son corps avec précipitation d'ailleurs pour lui répondre

_Oh ! Désolée comme je peux être maladroite parfois avec cette chose dit Zen en pointant le doigt vers le voile sur sa tête

_Je badine, ce n'est qu'un morceau de tissu après tout ça ne tue pas je suppose dit la fille en affichant un sourire moqueur et inquisiteur

_A ton avis répond sèchement Zen et en se retournant

_Eh ! Oh l'islam là ! Calmos, je faisais juste une blague ce qui n'arrive pas tous les jours et pas avec n'importe qui, répond la rastawoman avec un pétillement d'yeux et un tour de lèvres avec sa langue. Zen remarqua l'acte, elle fait un pas en arrière et tend la main à son vis-à-vis et lui dit

_Enchantée alors, C'est Zenab mais tu peux m'appeler Zen

_EDITHIA est mon nom, DITH pour les intimes

_Vraiment ! dit Zen en appuyant le regard sur elle, ce qui la déstabilisa au point de la faire livrer ses vérités sans détour et immédiatement

_Au fait je viens juste de m'en faire la toute première...et la dernière j'espère bien dit-elle presque imperceptible. Zen la regarda fixement et longuement sans mot dire.

Le fil continu son bonhomme de chemin et Zen ne se sent plus seule dans cette enceinte hostile à toute fraternité, elle prit d'ailleurs la main d'EDITH et avance avec elle. Tout se passa si vite mais de la manière la plus naturelle, sans fantaisies ni caprices.

Les douze coups de midi retentirent au loin et les prisonnières rejoignirent la salle à manger. Zen et Edith se cherchaient du regard sans savoir qu'elles ont chacune une particularité qui les identifient facilement au reste du groupe ; Zen avec son voile et Edith ses rastas. Zen se racla la gorge en la voyant arriver tout droit vers elle, ses pupilles se dilatent et elle hésite à lui faire un câlin mais Edith se jeta sur elle, chose qu'elle regretta d'ailleurs car elle se sentit comme électrocutée par quelque chose de plus fort qu'elle. Elle ramassa son corps suspendu en l'air et fait un pas en arrière

_Tout va bien demande Zen

_Super ! répond Edith le cœur emballé de joie et d'inquiétudes

_Suis-moi, je te montre une place magique que j'ai découvert hier dit Zen avec un sourire au coin de lèvre

_Magique dans ces lieux ! C'est trop dire non ? interroge Edith

_S'oxyder et se bronzer sont les deux mots-clés de cet endroit que je trouve juste paradisiaque et fait pour...

_Tu as raison ça nous ressemble. Pas d'accumulation de graisse svp madame, on veut garder la ligne dit Edith avec un air carrément ironique. Zen se met à rire en posant son assiette sur la table et en tirant la chaise pour Edith

_Hum…la galanterie féminine, intéressante. Qu'est-ce qu'on attaque en premier ?

_ça dépend ! Qu'est ce qui dans ce plat peut nous rendre plus intelligentes que tout à l'heure ? demande Zen. Edith ouvre grands les yeux pour s'assurer qu'elle a bien entendu la phrase de Zen. Elle pose la fourchette qui était encore en l'air qu'elle tenait sur sa main droite et tourna le regard vers le roi Soleil qui continue de braquer toute sa lumière à travers la vitre de la fenêtre, elle fait semblant d'oublier ce qu'elle vient d'ouïr mais cette pensée comme un boomerang lancé au loin revient encore plus vivace. Une foule de questions s'en suit dans sa tête : je ne suis pas la seule à me poser de telles questions, qu'est ce qui peut pousser une personne à se poser ces genres de questions, qui est vraiment cette voilée demande Edith dans sa tête au moment de ramener son regard sur son vis-à-vis

_Te triture pas trop les méninges, allez manges lui lance Zen sans trop se soucier de l'attitude de sa codétenue

Les journées deviennent de plus en plus ennuyeuses car à part les quelques balades dans la cour principale et les petites tâches auxquelles sont assignées les habitantes de ces quatre murs, il n'y'a pas beaucoup d'activités instructives ou distractives le temps pour elles de se livrer à leurs passions : lecture pour Zen et bricolage pour Edith

_Je savais que je te trouverai ici, entourée de livres revues et articles. Te gènes surtout pas Néron aussi jouait du violon pendant que Rome brulait

_serais-tu entrain de sous-estimer mon intelligence demande Zen en baissant un peu les lunettes à la Harry Potter qu'elle porte

_Si ça ne tenait qu'à moi on brulerait tous les supports papiers de ce monde, ils sont le prétexte de la jeunesse pour persister dans la paresse en faisant semblant de chercher une vérité immuable pour changer le monde alors qu'ils devraient participer directement à son développement ; et ceux en binocles, oh ! Mon Dieu ils me saoulent encore plus. Zen redressa ses lunettes en entendant de tels propos plus que déterminée à les porter

_Et comment ? dit Zen en frônçant les sourcils d'un air agacé

_Mais par la pratique tout court. Ni plus ni moins, on apprend qu'en s'y mettant. A bas les théories ! Le monde a tant souffert de ces gros parleurs qui ne font ce qu'ils disent et ne disent ce qu'ils font mais Dieu merci le monde n'appartient pas au blablabla marmonna à toute vitesse Edith décidée à étayer son argument et justifier son point de vue

_Je comprends. Mais ne te sens pas menacée par nous autres rats de bibliothèques, je sais que le débat entre science et littérature ou théorie et pratique est aussi vieux que le monde chacun y trouve son compte mais que fait-on des générations futures, doit-on les priver de telles succulentes découvertes ? Au-delà de la théorie, c'est de l'histoire, de l'expérience, un tas d'essais et erreurs qui permettent de savoir où mettre le pied

_Justement c'est tout ce qu'il y'a à éviter, en cristallisant les nôtres sur du papier nous ne faisons que participer à leur paresse, nous devrions les abandonner au pouvoir créateur de leur génie. Qu'elles puissent être capables de ''mettre le pied sans même voir la première marche de l'escalier'', affronter l'inconnu c'est ça le sel de la vie.

_Tu as raison sur toute la ligne répond Zen. Tu sais un jour l'ignorance et la connaissance se sont battues et l'ignorance l'a non seulement terrassée mais s'est assurée de bien la tuer et pour ne pas laisser de traces elle la brula et en fit de l'encre pour l'écrire sur les livres. C'est pourquoi les sages disent que pour s'imprégner de la sagesse des anciens il faut feuilleter 'ces papiers'. Et puis il ne s'agit pas que d'avoir un style intello binoclard et de tourner des pages et des pages en ne voulant juste que paraitre instruit. La lecture requiert de la présence, de la concentration, de la profondeur qui nous permet d'épouser parfaitement le contexte dans lequel ces lettres ont été écrites et d'en saisir tout le sens. La signification de la vie selon les autres comme si nous dialoguions avec eux. Avec le livre notre pensée prend mille et une direction, se fait et se défait pour se refaire par la suite. Notre pensée se frotte à la cime de la perspicacité de même qu'à l'abîme du doute, elle flirte avec l'imagination et la créativité des premiers car nous tentons de nous replonger dans leurs univers. C'est rassurant de voir que c'est des humains qui ont habité la terre avant nous et qu'ils avaient, à quelques innovations prés, le même arsenal de survie que nous.

_Dit ainsi, tu me donnes envie de lire un bouquin répond sérieusement Edith. Mais je crois que je commencerai par les articles et revues scientifiques d'abord. Là au moins suis sure de trouver quelques machins qui puissent me permettre de percer les mystères de la machine

_Dis, pourquoi t'es là ? Toi dreadlocks, touche à tout…Hacker ou lanceur d'alerte demanda Zen ? Qu'est-ce qui t'as conduit dans ce sanctuaire des morts ambulants

_T'as entendu parler du scandale des 3V répond Edith prise au dépourvu, après une profonde inspiration

_...Zen hésita en interrogeant du regard

_Le Vote Virtuel Vide, le grand hold-up électoral jamais orchestré dans l'histoire de ce pays. Zen n'en revenait pas tellement qu'elle écarquilla les yeux

_C'était donc vous.

_J'ai rien dit et t'as rien entendu. Bon courbes-toi maintenant c'est à ton tour de me porter jusqu'à la plonge. Zen resta pendant longtemps bouche-bée. Du-t-elle se demander comment cet acte qualifié même de prestidigitation qui a fait le tour du monde est-il l'œuvre de celle qui, désormais partage son vécu quotidien.

Regardes nous, tous les jours nous menons les mêmes activités entre ces murs sans jamais rien changer ; tu en viens même à réciter ta journée à venir les yeux fermés et sans fautes s'il te plait. On aurait dit des automates modernes qui s'amusent à détruire leur création première ; comment en ce sens peut-on se découvrir et se rappeler qui on est, sa véritable nature en ayant toujours les yeux fixés au même endroit dit Zen qui cogite à grande vitesse les mains plongées dans une solution répugnante de lave-assiette.

_cet endroit est pire que la prison c'est une tombe qui se meut dans tous les sens comme capturée entre les filets du diable et pourtant étant capables de tout faire nous sommes là à ne rien faire Zen

_Nous faisons déjà quelque chose en la constatant, ce qui ne semble pas être le cas pour ces habituées. Mais ce n'est pas suffisant et on risque d'être comme elles sous peu Edith

_ça je n'y compte pas. Je te lance un défi, demain chacune invente un succulent ingrédient pour assaisonner nos journées Zen

_Défi accepté. Mais tu as pensé à tout sauf au plus difficile Edith

_Quoi, demande Zen en s'essuyant le front avec son voile Zen

_Comment vas-tu l'intégrer au calendrier du chef ? Edith

_Zen plongea ses mains dans le lavabo de sa voisine et fait sortir les mains d'Edith. Avec ses doigts magiques qui savent dérégler même le cours du temps lui répondit-elle. Sois prête ma belle, je t'offre ton ''*first jailjob*''

_Wow ! L'ordi de Hadès, rien que ça dit Edith en faisant tournoyer ses rastas de gauche à droite comme à chaque fois qu'elle est enthousiaste.

Dans la cour de la prison, les provocations ne manquent jamais et chacune comme à l'habitude des femmes tenta de dominer tout ce qu'elle trouve de dominable.

_T'es américaine j'espère ? Dit une mexicaine assise pas loin avec sa bande dont elle est visiblement la cheffe

_Oui et je suis la femme de Trump répond Zen à cette provocatrice

_Non, t'es trop noire pour l'être ; rentres chez toi dans la jungle africaine crie-t-elle si fort et avec une imitation de cris de singes que les autres membres de son gang se mirent à suivre. Zen posa le stylo qu'elle a dans la main et en croisant les bras se mit à les scruter avec un regard agaçant puis hocha la tête avec un léger sourire qui leur fit fondre en ridicules avant d'ajouter

_en tout cas je préfère être avec ces bêtes plutôt qu'avec vous. A ces mots elles se déchirèrent en injures et insultes sans que cela ne dérange Zen dans sa quiétude

_qu'est-ce qu'elles sont chiantes cette bande ! dit Edith qui venait de la rejoindre

_oublies-les, comment se porte notre projet ? Rapproches-toi j'ai quelque chose à te montrer. Zen ouvrit une page du cahier, voici le plan des caméras du couloir et de la zone interdite où se trouve le bureau.

IV. Prédestination par un Moine

Zen fit des rebondissements de droite à gauche et de bas en haut, des mouvements de plus en plus intenses comme si elle était dans un cauchemar. Elle sursauta de son lit avec un cri si strident qui réveilla EDITH, cette dernière sauta de son lit superposé et vint lui essuyer sa le visage sans pour autant avoir l'audace de lui demander ce qui se passe. Tout son corps mouillé, elle gardait encore sa bouche entre-ouverte et ne disait mot à sa colocataire qui la dévisageait avec un regard interrogatif mais Zen se réfugiait dans un silence profond et méditatif qu'on aurait dit qu'elle essayait de rassembler ses idées pour enfin parler

_J'ai fait un rêve finit-elle par dire à Edith ou un cauchemar je sais plus. Tout dépend de la signification que l'on donne à ces images, ces personnes, ces trucs qui se passent dans ma tête et que je ne comprends pas. A ces mots elle fondit en larmes sur l'épaule d'Edith

_Vas-y pleures et prends tout ton temps, m'expliquer n'est pas une urgence, demain sera bientôt là rassura EDITH en chuchotant dans son oreille. Elle resta planter là un long moment

_Désolée le rêve vient juste de me filer sous le nez dit ZENA tout en sourire

_Tu te fous de moi ? Vas vite le rattraper, t'as intérêt et je ne badine pas lui répondit Edith à la fois sérieuse et souriante. Dis tu vas me laisser dormir un de ces quatre, ces temps-ci tu me prives de trop de sommeil, je trouverais un moyen de me venger un de ces jours

_Vas te faire foutre dit Zena en lui lançant un coussin sur la figure

_La dernière à se coucher va éteindre la lampe cria Edith

_Je ne touche plus terre répondit vite Zena en relevant rapidement son pied du plancher

_En plein dans un rêve, ne pas déranger s'il vous plaît lui lança calmement Edith

_Je te déteste dit Zena en allant vers la lampe et tout ce qu'elle entendit de sa colocataire était Hrrrrrrr !

AU PETIT MATIN

La vie reprend lentement son cours dans ses quatre murs ornés de grilles et où les habitantes se détachent timidement de leur couverture pour rejoindre le groupe et se livrer à leur quotidien sacrifice matinal. Les couloirs vides d'il y'a juste cinq secondes ne désemplissaient plus ; des uniformes ruaient de partout avec ça et là des bronchements inaudibles, des bâillements à haute voix, des grattages désordonnés, des phrases incompréhensibles, des explications illogiques, des baves, des rides, des croûtes, l'haleine et tout l'arsenal d'un réveil matinal. Il a suffi le retentissement de la cloche non loin dans la cour de regroupement pour réveiller pour de bon ces êtres, zombies de leur état. Ce matin elles ont pour tâche d'aller travailler pour une firme internationale sous-couverte d'anonymat à cause de la pratique illicite ce qui n'échappa pas à Zen

_Et on s'étonne que les prisons ne désemplissent pas, qui a intérêt à ce que cela soit ainsi ? Elle parlait comme ça en l'air sans calculer celle qui est à côté d'elle

_Pour nous autres américaines, le travail involontaire est un crime vous savez à quel prix on a obtenu notre slogan de pays de libertés, j'imagine que ça doit être un lundi pour vous, c'est ce que tes grands-parents sont venus faire ici non : travailler sans paie pour lui rappeler sa condition de noire et les douloureuses phases de son histoire. Zen comme à son habitude garda son calme et la regarda fixement, elle recula d'un pas pour relooker tout son être de bas en haut ce qui importuna la provocatrice qui s'énerva vite

_Oui Vas-y regardes ce corps que tu n'auras jamais, c'est ce qu'on appelle de la graisse car on n'a pas faim nous. Regardes, regardes insista la grosse en soulevant son tee-shirt et faisant apparaitre toute son obésité mais Zen resta plus que jamais sans geste et continuait à la scruter au moindre détail ce qui la déstabilisa complétement et elle lui demanda encore une fois ce qu'elle regardait sur elle.

_Non rien, dit Zen, j'admirais juste la grandeur de ta petitesse. Quand on peut ainsi parler de l'esclavage sans gêne c'est qu'on ne peut être que l'esclavagiste, quand on se glorifie des démons de son comportement c'est qu'on a rien à apprendre aux autres et qu'on doit juste s'asseoir pour laisser parler les véritables maitres car oui le noir est en réalité votre maitre car vous avez toqué à sa porte il vous a ouvert et offert l'hospitalité puis quand il s'est retourné vous lui avez planté un couteau dans le dos : le noir est votre maitre si vous avez besoin de poser un pistolet sur sa tempe pour le dompter ou de le tuer pour contrôler ses ressources, il est tellement votre maitre que vous avez eu besoin de nihiliser son histoire répondit très rapidement Zen avec un langage saccadé sans même respirer. Son vis-à-vis resta bouche-bée et fila tout droit vers une table pour y déguster son petit déjeuner

_Je parie qu'elle n'a plus faim du tout, taquina Edith qui venait de retrouver Zen au rayon des fruits. Quelle langue de vipère tu as là, se moqua-t-elle en ricanant et attrapant la main de Zen pour se diriger vers leur place favori

_Bonjour à toi aussi, bien dormie : Zen

_Et comment ? Avec tes remous et ronflements je ne vois pas comment je pourrai, j'espère que tu vas vite sortir de prison pour que je dorme enfin tranquillement : Edith

_Pathétique, t'as pas mieux comme solution, couches-toi plutôt ou bouches-toi les oreilles

_Moi, me coucher tôt, jamais de la vie, la nuit a trop de secrets c'est une mine d'or pour des gens comme moi, le calme plat, les idées affluent, la créativité explose…jamais je raterai cela

_Tu devrais essayer, y'a plus propice dans la nuit, le dernier tiers, l'univers non seulement écoute mais répond aussi à ceux qui lui parlent, tu pourras dormir et chopper l'heure propice : Zen

_Je ne vois pas la différence puis qu'après tout cette heure me trouvera toujours assise : Edith

_Tu préfères le verre à moitié plein ou à moitié vide ? A cette heure tu seras probablement épuisée et vidée de toute ton énergie, tu seras sur le point d'aller dormir, tu en profiteras moins que ceux qui viennent de se réveiller et d'aplomb à attaquer la journée: Zen

_Dis, t'es fière de toi, de ta vie, de ta famille. J'ai comme l'impression que tu cherches en permanence la reconnaissance, t'as pas eu beaucoup de ''bravo'' ou de ''tu as raison'' dans ton enfance, n'est-ce pas ? Edith semblait ainsi lire sur sa voisine de table comme sur un livre ouvert et Zen ne pipait mot, elle tournoyait de gauche à droite son menton comme à chaque fois qu'elle entend une vérité indéniable

LE COULOIR DE LA MORT

Vas-y, à l'angle mort, fais attention à toi chuchotait Zen à Edith qui par un jeu de « suis-moi je te fuis » se livrait à du cache-cache contre les caméras du couloir qui mène vers le bureau de Martin le directeur de la prison. Entre feintes, sauts, recroquevillements Edith avançait très lentement vers son objectif, elle tenait d'une main ses rastas afin que ceux-ci ne puissent dégénérer de part en part pour la faire reconnaitre sur les caméras et essuyait péniblement son front avec son autre main. Elle s'y connaissait en caméra de surveillance et savait exactement quoi faire et quand il fallait le faire, activer son mouvement en même temps que celui de la caméra elle la maitrise parfaitement. Le travail serait déjà terminé si elle avait eu accès au moins une fois à l'ordinateur du boss, elle n'aurait plus qu'à faire tout le reste à distance même en sommeil puisque c'est ce qu'elle sait mieux faire plus que tout : hacker. Elle se retourna et dos au mur lança un regard de déception à Zen, elle était découragée complétement abasourdie

_Tu m'as toujours pas raconté ton rêve de la fois passée je voudrais bien l'entendre, parce que je crois je vais mourir ici : Edith

_Mais pourquoi t'arrêtes, t'y es presque, juste quelques mouvements de plus…Edith l'interrompit

_J'ai oublié la feuille sur le lit dit-elle en un seul mot, très déboussolée, en sortant sa main de sa poche arrière. Zen se plia à deux pour se tordre d'un rire inaudible et très agaçant. Elle savait qu'elle ne pouvait pas prendre le risque de venir lui lancer une feuille de papier même bien pliée on est jamais sûr qu'elle arrivera à destination et garent à elles si quelqu'un d'autre tombe dessus car de telles lignes de code et de programmation, on n'aurait pas besoin de fouiller longtemps dans la masse pour retrouver le coupable, le boss connait bien les caractéristiques de sa maisonnée : il sait le pourquoi de chaque présence.

_T'es une véritable sorcière, qu'est-ce que ta cervelle de moineau n'a pas compris dans le mot ''coéquipières'' demanda Edith à Zen qui l'a planqué là pour prendre ses jambes au cou avant que le rôdeur de minuit arrive

_Tu croyais vraiment que j'allais t'attendre faire ta valse retour, non ! Non ! Non

_Sympa ! Vraiment sympa ! Je te rappelle que c'est toi qui m'a mis dans tout ce pétrin mais sache qu'à partir de maintenant tu feras cavalière seule, je marche plus avec toi : Edith

_Oh ! Ça y est là, on a fini de faire la victime dit Zen qui venait de prendre le dernier bain de la nuit en posant sa serviette sur son lit. Toute façon il y'a longtemps que tu n'es plus dans le coup. Edith cligna des yeux pour marquer son incompréhension. Toi madame concentration-vigilance qui est capable de chiper n'importe quel mot de passe entre deux clignements de cils, toi qui vis dans le calcul de chaque chose à sa place, Zen continuait en se déplaçant vers Edith avec une main accusatrice pointée tout droit vers elle. Toi dit-elle deux fois en la regardant dans le blanc de l'œil, t'oublierais un morceau de papier avec ton codage dedans et forcément ta signature dessus car oui je sais que tous les grands codeurs en ont une lui fila Zen en même temps qu'elle mettait sa main dans la poche arrière de Edith pour retirer le petit papier. Maintenant dis-moi, pourquoi ce désistement de dernière minute ? Edith savait qu'on venait de la coincer, elle inspira un long coup en relâchant tout son corps puis se mit à répondre calmement avec une voix qui voudrait convaincre à tout prix son vis-à-vis.

_Tu sais que mes neurones ne se reposent jamais, je me triture les méninges tout le temps et en rampant vers cette mission, la difficulté de la tâche m'a fait penser au pourquoi. Pourquoi doit-on forcément le faire de cette manière, pourquoi ne pas prendre notre courage à deux mains et aller parler au chef ? Pourquoi prendre le risque de faire double effraction, putain on est déjà en prison, on peut qu'à même pour une fois de notre vie nous comporter normalement. Zen fit un pas en arrière et s'affala sur le lit, elle relia les deux mains sur les pointes en les remuant légèrement comme si elle était embarrassée par quelque chose

_Pourquoi je ne vois jamais les solutions les plus terre à terre, je veux dire souvent je ne regarde que très loin alors que la solution peut être là, simple et très accessible ; il faut toujours que je fasse le tour du monde pour retourner à la case de départ

_Bonne impression, reconnaissance, tu tournes en boucle avec ce vieux vice et ça risque de te perdre. Tu dois vraiment y tenir compte, tu n'as pas à chercher la satisfaction de qui que ce soit ou à impressionner les autres, sois fière de toi. Je t'en supplie, je te le demande, ne l'oublie jamais. Etre soi-même est une sensation extraordinaire à laquelle je te souhaite de goûter pleinement : Edith

_Restes-là, ne bouges pas, aujourd'hui tu mérites que je te porte jusqu'à ton lit. Je t'adore tu sais, j'aime ta façon de voir les choses, tu me mets à nu, tu lis entre les lignes, tu me décodes dit Zen en changeant le ton de sa voix. Bon sang, c'est toi ou tes rastas ? T'as pris du poids avec ces immondices qu'on nous sert ici ? Demain je te change de plat préféré, plus de soupe jusqu'à un mois. Edith n'arrêtait pas de rire encore et encore, elle avait retrouvé sa voilée.

AUX TOILETTES

_Mon Dieu, encore elle dit Zen en détournant le regard vers Edith pour éviter celle qui est devenue sa provocatrice quotidienne, qui ne perd jamais l'occasion de lui en coller une. Elle brossait calmement le couvercle de la chaise en essayant d'éviter au maximum Maria, une mexicaine délinquante de premier degré qui veut contrôler tout sur son passage. Ce qu'elle réussit parfaitement jusqu'à maintenant avec les autres détenues mais la bande à Zen l'échappe encore. Elle se dirigea tout droit vers elles en dépassant toutes les autres toilettes où les autres filles s'écartaient pour lui laisser le passage, elle s'obstina à faire ses besoins dans celle où se trouvait Zen mais elle se heurta évidemment à la résistance pas d'une mais deux personnes plus que déterminées à lui barrer la route. Les autres filles s'étonnèrent de la réaction des deux complices, elles n'y croyaient pas leurs yeux.

_Si dans une seconde, vous ne dégagez pas de mon chemin, tes rastas se retrouveront dans son voile et vous vous étonnerez qu'ils vous restent encore quelque dents dit Maria

_Oooh ! J'ai carrément peur du coup, touches-moi le cœur, il est à cent à l'heure dit ironiquement Edith; désolée cheffe ces toilettes sont déjà occupées et comme tu peux le remarquer elles sont difficiles à curer car sûrement une chienne de ton espèce y est passée. T'as bouffée quoi hier, hun, oh ! Ma crotte. Edith se retourna pour donner une tape à Zen et elles s'esclaffèrent. Elles étaient les seules à rire à gorge déployée, ce que n'osaient pas faire les autres prisonnières qui riaient en silence en se jetant des regards

_Vous savez au moins ce dont je suis capable, « J'attaque, je cogne et je gagne » est mon slogan répondit Maria en faisant froncer son front et en tentant de durcir le ton de sa voix

_Là tu viens de heurter le plafond du ridicule et de la médiocrité dit Zen avec une voix tout aussi grave et sans le moindre battement de cils, pourquoi tu n'accepterais pas d'avoir atteint tes limites, qu'il y'a des choses que l'on ne peut pas contrôler sans y laisser ses plumes. La liberté nous a conduit dans cette enceinte et pour rien au monde on ne laisserait quelqu'un nous la prendre, même dans la tombe je resterais libre. Je te laisserai devenir ma cheffe le jour où tu auras la capacité d'entrer et de sortir comme bon te semble de cette prison, là tu seras ma supérieure mais en attendant tu n'es ni plus ni moins que l'égale de tout le monde ici. Acceptes ta condition et laisses-nous travailler en paix, laisses-nous vivre en paix. Maria n'eût pas le temps de répondre qu'un pénitencier débarqua dans les toilettes pour sommer les habitantes de ces quatre murs de cesser toute dispute et de terminer ce qu'elles ont à faire.

_Touché ! dit Edith qui ne pouvait s'empêcher de se moquer de la ''grosse cheffe''. Elle ne nous importunera pas de sitôt, tu l'as foudroyé dit-elle en plongeant sa serpiére dans le seau et en faisant des mouvements de rotation dans l'eau. Rappelles-moi de ne jamais te chercher.

_Oh ! Ferme-la : Zen

DANS LA COUR DE LA PRISON

_Zen est demandée au téléphone, cria un des gardiens de la porte intermédiaire qui rapportait le courrier bouche à oreille jusqu'à son destinataire

_Petite cachotière, c'est qui ton amoureux, Eh ! je croyais que les voilées n'avaient pas le droit aux hommes avant le mariage, vous vous matez à distance c'est ça que vous faites ? Edith ne s'arrêtait pas, elle avait mis son bras autour du cou de Zen en la raccompagnant jusqu'à la porte avant de lui donner une petite poussette et lui faisant une dernière blague « Oh ! Oui vazy, habibi, vazy, hum, oh, ah… » Zen ne pouvait plus retenir son fou rire. Elle se dirigeait vers le poste en réfléchissant à qui pouvait l'appeler dans cette Amérique où elle ne possède ni famille ni ami. « Mes parents sûrement pas, eux qui n'ont jamais appelé à l'étranger et en plus avec quel argent ils feraient ça mais qui peut bien m'appeler ? » Elle ne tarda à connaitre son interlocuteur, à l'autre bout du fil une voix masculine marquée par l'âge mais toujours vigoureuse et douce qui invitait forcément son vis-à-vis à se comporter pareil

_Zena, dit-il, oh ! Ma fille si tu savais combien je t'ai cherché dans ce pays, cela fait seulement quelques jours que j'ai découvert que tu es parti en prison. Je suis en séminaire ma fille mais dès que je termine, lundi matin je viens te voir. Zen était étonné d'entendre la voix du père Michel, un homme d'exception qui l'avait toujours aidé dans ses moments difficiles

_Mon père, mon Dieu, c'est le ciel qui t'envoie, j'avais besoin de te parler je ne savais comment, en plus je ne voulais t'attirer des ennuis car à coup sûr ils viendront frapper à ta porte

_Je n'ai pas peur ma fille, je suis avec DIEU et ils me trouveront le cœur apaisé mais toi, dis-moi comment tu vas ; est-ce qu'ils s'occupent bien de toi, est-ce qu'ils te traitent bien, oh ! Ma fille je crains pour ta situation, il ne se passe une minute depuis que je sais que tu es entrée dedans sans que je ne pense à toi et à ta condition de détention

_Oui j'imagine mon père mais fais-moi de tes prières là, toi au moins le ciel t'entend et t'écoute. Mais en tout cas sache que je ne me fais aucune illusion, je suis une femme noire musulmane et voilée vivant dans un monde sexiste, raciste et islamophobe, je sais à quoi m'attendre mais je ne verse dans aucune fatalité, en tant qu'être humain je mérite la vie tout autant que les autres et je ne vais pas me mettre à la mendier, j'utiliserai mon humanité, mon âme, ma tête et mon cœur pour l'obtenir ; je n'aurai à l'arracher à personne, je me comporterai en société de sorte qu'elle comprendra que ceci est mon rôle et celui de personne d'autre que moi et elle me laissera la vivre selon mes goûts, mes désirs et mes passions. Le père écoutait religieusement Zen comme s'il écoutait un sermon, il inspira longuement et afficha un sourire de satisfaction sur ce qu'il venait d'entendre et comme si toute son inquiétude se dissipait lentement, il dit

_Hallelujah ! Ma chère petite tu es ange, si je te savais aussi forte jamais je me serais aussi inquiété ; on s'est pas assez connu que je ne t'avais plus vu mais tu me rassures comme jamais personne ne l'avait fait et avec cette mentalité je suis certain que sous peu tu seras dehors. Ça fait vraiment plaisir de t'avoir écouté et de trouver avec cet état d'esprit. A très vite ma fille

_Oui à bientôt mon père, c'est gentil à toi d'avoir appelé, merci encore

DE RETOUR A LA COUR

_Sérieux, un père, un Saint-Père, un homme de Dieu quoi, non tu dois me prendre pour une folle ; je te crois pas du tout, moi qui te croyais être au septième ciel avec ton gars, je te pensais bien humide en revenant ici, oh ! La honte dit Edith

_T'arrêtes jamais toi, ça me donne des idées tu sais ce que tu dis là dit Zen en levant la tête et en prenant l'air d'imaginer la scène que lui décrit depuis tout à l'heure Edith mais rien n'y fait ses pensées étaient ailleurs. Elle se ressassait la discussion qu'elle avait eu avec Edith la veille et voudrait à tout prix l'appliquer le plus rapidement possible car ce lieu avait besoin de ça et ses habitantes aussi, il était temps de passer aux actes que de rester seulement dans le discours.

Le rassemblement se fit au milieu de la cour et c'était le jour de la visite du boss qui doit passer en revue la situation de sa prison en venant rencontrer en personne sa maisonnée, les rangs se dessinaient par groupe de dix l'une se mettait derrière l'autre par hasard ou affinité et Zen se trouvait à la septième place du septième rang et devant elle Edith.

_Le syndicat des droits de l'homme me somme d'appliquer la loi sur le travail involontaire non payé, je ne suis pas contre l'idée mais le fait est que si vous cessez de travailler il n'y'aura plus d'activités pour vous et vous risquerez de vous ennuyer pendant des années encore et les firmes refusent catégoriquement de payer des indemnités de travail car disent-elles ne pas « engraisser les voyous ». Je suis contre toute forme d'exploitation, vous êtes là par la machine de la justice, il n'y a pas de raison que cela change ; cet endroit doit être un lieu de justice plus que tout autre mais vous devez aussi, au-delà de vos passions individuelles, partager des activités communes qui puissent vous maintenir socialement et mentalement fortes et vous faire vous soutenir mutuellement. Ces mots résonnaient dans le fort intérieur de Zen qui y voyait comme un signe lancé par la nature pour parler enfin de son projet. C'est le dernier, tu n'as pas le droit de le rater, c'est clair et sans détour, c'est le moment tant attendu se Doit-elle dire ; elle leva lentement la main en l'air sans mouvement brusque et avec hésitation pour faire signifier qu'elle a quelque chose à dire ou à demander à la direction.

_Oui, vous madame, tarda-t-on à lui répondre, sa main resta longuement au vent, elle avait compris qu'on n'était pas dans une salle de classe et qu'on ne pouvait pas se permettre de participer à la discussion des chefs un peu n'importe comment. Néanmoins elle garda son sang-froid en se levant placidement et regardant tout droit devant elle, ouvrit largement la bouche pour faire résonner sa voix

_Excusez-moi messieurs dames, je m'appelle Maria et j'ai une proposition à vous faire si vous voulez bien l'écouter. Les chefs se jetèrent un regard surpris et moqueur mais décidèrent de lui accorder une écoute une fois le jugement de l'œil passé. Le boss lui fit signe de la tête de continuer ce qu'elle a à dire. Elle enchaina sans tarder à expliquer les détails d'usage et siffla en un mot, j'ai pensé à un tournoi de jeu mais c'est juste une idée hein rien d'autre. Elle avait compris qu'il était légitime de faire semblant d'avoir peur et de pas essayer de tenir tête à ses supérieurs dans un endroit pareil, elle limita alors son discours en se gardant de détailler qu'au seul désir du chef. Ce dernier ne perdit aucune minute pour lui demander de développer sa pensée. Il s'agit d'un jeu crée par le groupe et que l'on voudrait expérimenter avec votre permission continua alors celle qui se prend pour une salvatrice flattée par son égo, le chef fronça un peu les sourcils comme pour montrer son impatience à vouloir entendre la fin ou le commencement c'est selon. Mais celles qui étaient le plus choquées c'est bien les prisonnières qui se jetèrent des regards d'interrogation, elles devaient se demander de quel jeu elle parle et comment leur nom a-t-il été associé à cela, est-ce un bon ou juste quelque chose de raté pour laquelle elles ne voudraient absolument être mêlées. Les chuchotements allèrent d'un bout à l'autre, on se renvoyait la question, on affichait une envie folle de comprendre ce qui se passe ce qui n'était le cas ici que pour deux personnes. Le sous-chef mit fin à ce brouhaha silencieux qui prenait les airs d'un manque de respect à l'endroit du boss. Il décréta le silence et somma Maria de dérouler enfin son idée.

-Silence ! Et vous madame si vous nous disiez ce que vous avez à dire de façon claire et précise pour une fois

_Bien Monsieur dit Maria en se mettant sur ses pieds et en se tenant tout droit. Le jeu en question s'appelle HighLady, c'est un jeu exclusivement féminin sous forme de labyrinthe que doit traverser la femme en déjouant les pièges semés tout au long, ces pièges sont : les enfants, l'homme, l'argent, le sexe, la femme, les caprices, l'indécision, le physique, les émotions, les études, l'alcool, le travail, la spiritualité, la sagesse, les valeurs. Chaque femme peut tomber pour quelque chose et celle qui atteindra l'autre bout sera nommée SuperLady. Le labyrinthe aura la forme de l'environnement dans lequel habite la femme

_Et pourquoi pas HighBall et qu'on en finisse avec toute cette complexité suggère une prisonnière qui en principe n'avait pas aussi droit de parole mais sur un air moqueur et complétement ignorant lança en l'air ces mots. Maria inspira un bon coup et donna le pourquoi de son choix

_Depuis toujours le sport chez la femme n'a été qu'une réplique contre les hommes qui non seulement l'ont mis en place mais l'ont pratiqué bien avant nous, la période où on devait prouver à l'homme qu'on n'en est capable nous aussi est dépassée il nous faut quelque dans laquelle nous nous identifions carrément. C'est pour cela que j'ai tenu à exclure toute chose faisant référence à courir derrière une balle, nous ne savons pas faire que cela, l'univers de la femme est beaucoup plus complexe encore car elle est un être supérieur.

_Oui ça on avait compris dit le chef de façon arrogante en affichant la fierté caractéristique d'un dirigeant qui n'a pas de leçon à recevoir de ces inférieurs car dans sa petite tête ces derniers n'ont pas à comprendre quelque chose qu'il ignore. Mais à quel jeu elles doivent jouer ces femmes là, vous ne nous l'avez pas dit

_Au jeu de la perfection Monsieur, répondit Maria en marquant une pause presque imperceptible, ne dit-on pas que la femme à la naissance est plus près de la perfection mais que la société par le jeu de ses pièges veuille lui faire croire le contraire en lui bourrant la tête qu'elle n'a pas besoin d'être parfaite alors que la perfection est en réalité sa véritable nature, son authenticité première. Chaque femme étant unique il en est de même du labyrinthe qu'elle traverse, aucune discrimination ne sera notée ni sur la race, ni sur les croyances, ni sur l'habillement, ni sur le physique, tout le monde aura le droit de jouer à ce jeu sans avoir à se soucier si elle répond aux critères ou non car la seule règle en vigueur sera d'être une femme. Des voix basses se firent de nouveau entendre, un peu partout dans les rangs où certaines appréciaient l'initiative et d'autres la blâmer de manquer d'originalité et de vision. Ce n'est pas un sport ça, on a besoin de montrer nos muscles tu vois rugis une tigresse de l'autre côté; je parie que tu tomberais d'ivresse lança-t-on à Maria, elle est carrément bourrée elle picole grave celle-là.

_Oh ! Shit, y'en a qui tomberait sûrement à cause de la méchanceté et de la stupidité de certaines femmes aussi, ça se sent tout de suite lui répondit Edith sans ménager son langage. Superbe idée la grosse, on est ensemble sur ce coup-là, t'as mon soutien à fond dit-elle avec un air ironiquement sérieux en se retournant expressément vers elle

_Merci les gars répondit Maria avec calme et sérénité avant de vouloir continuer, Zen lui vola la parole et enchaina

_En voilà quelque chose de très réfléchie et qui est sortie tout droit du cœur, on le sent, bien que j'aurais une idée tout à fait différente. Votre projet est brillant bien que complexe, je suis à peu près sûre qu'il est juste né dans le feu de l'action et que sa créatrice—rien avoir avec toi ma Maria—n'est pas capable de nous expliquer ce qu'elle entend réellement de ce jeu. La femme est complexe certes mais ce qui fait sa beauté c'est comment elle traduit cette complexité en simplicité ; ne nous enfuyons pas dans des labyrinthes en étant déjà en prison.

_Hey ! la djellaba Vas-y accouches lance une autre provocatrice. Elle a raison ajouta le chef—déballer votre sac—

_Jouons au jeu du SOI lança fermement Zen. L'assemblée s'esclaffa, même Edith se perdit en rires. Tout le monde attendait du choc après qu'elle ait coupé la parole à Maria. Le chef mit fin aux consultations en abrégeant les rires et sourires.

Prédestination par un sage (SUITE) : Blue_advice

Les rebondissements de la fois passée ont fait place à un calme plat et à une profonde respiration comme si Zen s'apprêtait à recevoir la visite d'une entité très sage. Les yeux ouverts, la bouche fermée et les narines sortant des bulles : il n'y'a plus aucun doute Zen est bel et bien dans l'eau. Elle nage alors vers la profondeur de l'océan comme si elle suivait une voix qui la guide vers sa destination, la mer est vide, Zen semble être le seul organisme en vie dans cette immensité bleue. Elle arrive au bout de quelques minutes, tout à fait essoufflée dans une assemblée faite d'êtres entassés côte à côte, tous vêtus de blanc et à visage couvert, qui récitait une oraison incompréhensible et au milieu d'eux un homme entouré de souffre rouge avec un pelage tout aussi long que blanc comme du coton. Zen trouva ces êtres en plénum pour décider sur le sort de l'univers marin, mais ne dérangea personne et se tint à l'écart sagement jusqu'à ce qu'un des membres ne vienne lui adresser la parole pour l'inviter à rejoindre l'auguste assemblée. L'homme du milieu commença à lui parler sans jamais ouvrir les lèvres, les yeux entre-ouverts et avec une position un peu particulière qui ne semble être inconnue à Zen.

_Soyez la bienvenue dans cet auguste assemblée chère habitante de la terre, tu es privilégiée de par ton cœur pur et les obstacles que tu as encourus le long de ta vie. Il n'y ait pas un moment où nous avons cessé de regarder, d'observer et de noter, saches que nous n'agissons que le moment venu, notre action se limite à faire venir l'élue dans le cercle restreint. Après nous l'informons de nos conclusions sur une période et lui prodiguons des conseils, ensuite nous retournerons à nos missions d'observateurs, le destin des hommes nous n'y prenons aucune décision directe. Le comportement des hommes a complétement changé au gré des innovations, le changement n'est seulement pas structurel mais nous avons noté qu'à chaque fois une révolution majeure se fit sentir dans une société cela s'accompagne par une transformation du caractère humain qui se traduit par un bafouage des traditions qui sont de plus en plus délaissées sous prétexte qu'elles sont archaïques et dépassées. Les hommes oublient que le passé des uns, étaient le futur des autres et que c'est l'ensemble qui fait un tout, aucune individualité ne primera car l'univers tout entier est connecté. Rien ni personne ne croise notre chemin par hasard, aussi insignifiant que cela puisse être à nos yeux, nous sommes portés par le tout ou ce que vous avez l'habitude d'appeler vide ou espace par pure ignorance. Les hommes ont été séduits par le charme de l'invention, le fil créateur de la vie, ils ont pris goût à leur pouvoir de façonner la nature mais hélas ils en veulent de plus en plus. Ceci n'avait aucun danger et plaisait bien au Tout de vous voir vous débrouiller et d'être utiles les uns aux autres puis les intérêts se sont dilués et sont devenus plus égoïstes, le bol s'est transformé en assiettes, chacun en approcha une part devant soi, plus personne n'était regardante de la chose commune, on ne se souciait plus que d'amasser et par tous les moyens. Nous avons été là dès les premières réalisations, si vous pouviez voir comme c'était beau et harmonieux vu d'ici, dans vos jeux d'essais et d'erreurs, l'ordre surgissait comme un accomplissement portant l'empreinte de tout un chacun, le reste était fier de vous. Certes le Soi est le chemin qui mène vers le Tout mais cela ne doit être qu'un pont qui doit vous aider à transiter de l'individualité vers l'immensité car votre véritable nature ne se trouve pas à l'extérieur mais à l'intérieur, la satisfaction que vous recherchez à travers les objets ne sera jamais atteinte car vous

vous trompez de cible et de chemin. Nous avons constaté avec étonnement et dégoût que vos différences qui, devraient vous servir de rapprochement naturel et évident n'ont fait que vous éloigner, chacun cherchant ses faux semblables car comme vous pouvez le remarquer autour de cette assemblée, ce n'est pas ce qui se ressemblent qui s'assemblent mais ceux qui s'attirent par le pouvoir du cœur qui se regroupent. --Zen leva un peu plus la tête pour vérifier par elle-même ce que le sage vient de dire, en réalité des créatures de toutes sortes peuplaient le cercle, de tous âges, de tous espèces, de toutes les couleurs tous vêtus de blanc—L'égo vous a éloigné de votre désir premier qui est la recherche de la vérité, vous vous êtes trop limités et au lieu du luxe vous avez versé dans l'extravagance, la vie est devenue trop sérieuse pour vous et vos moyens de survie sont devenus plus sauvages alors que votre rôle était très simple car de toute évidence le Tout a compris que vous ne pouviez pas tout faire en votre état, vous a alors assigné une modeste mission pour vous faire participer à l'échiquier de la vie. Mais quand vos réalisations ont porté leur fruit cela a comme remué votre égo et l'unité a voulu se substituer à l'ensemble et s'est senti invincible. Nous n'avons pas l'intention de vous faire la morale, ni de vous donner des sanctions, nous ne faisons qu'étayer nos constats car ils vous incombent en tant qu'êtres supérieurs choisis par le Tout pour mener la destinée de cet univers-ci vous devez et pouvez retrouver ce chemin par vous-mêmes. Tous les cent ans, nous partons voir le futur, nous revenons pour avertir mais l'année 2020 nous a forcé à rallier le futur plutôt que prévu et ce n'était pas reluisant ni beau à voir. Nous ne sommes que des observateurs en dehors du temps, nous ne pouvons ni agir ni être impactés par l'activité humaine mais nous sommes partie intégrante de cet univers, nous ne pouvons manquer de jouer notre partition, à l'homme maintenant de faire sa part. le partage est amour mais l'égoïsme est peur et ce sentiment a pris le dessus dans toutes vos relations car la confiance s'est détériorée y compris celle que vous aviez avec le Tout. Au début vous étiez capables de croire au lendemain comme un oiseau qui se lève au petit matin en n'ayant rien du tout et qui revient le soir la bouche pleine de nourriture pour nourrir ses petits. Puis le doute s'est installé avec le manque de patience qui s'est progressivement transformé en peur, la confiance primaire a d'abord disparue ; ensuite les hommes n'ont plus fait confiance au Tout puis à leurs semblables. Restaurer cette confiance au Soi est primordiale car elle est la clé, le bon point de départ pour garder le fil du chemin et de la cible même si on se perd quelque fois dans son évolution. Il est important que l'homme soit rassuré de sa propre capacité à connaitre avant de reconnaitre ce qui l'entoure mais ce retour au Soi ne doit pas se stagner à la satisfaction personnelle, elle nécessite une pure intention de ressentir votre connexion à la source. Faites un grand retour vers le Soi intérieur et profond non celui superficiel. A ces mots Zen se réveilla en attendant s'éloigner les derniers mots du sage résonner au loin, le message était clair, avertir mais Zen ne savait pas comment s'y prendre et surtout entre ces quatre murs. Elle aurait voulu poser des tonnes de question mais ils ne lui donnèrent pas le temps, ce fut brusque : constats, analyse et conseils ; n'y avait plus place pour autre chose.

Pour Zen ce signe était beaucoup évident que le précédent et plus sérieux encore car ces êtres désintéressés n'avaient rien d'égales avec ces hommes en costard, avec des noires fumées et dans des bureaux climatisés.

KHOURY se retrouve

Je m'appelle Khoury, j'ai quatorze ans et on m'en donne souvent six de plus. J'habite au Sénégal mais mes parents vivent à l'étranger, je n'ai jamais vu mes géniteurs que par WhatsApp, il n'ya pas plus virtuels qu'eux. J'ai été élevé par ma grand-mère maternelle que j'appelle affectueusement Maman. La dame qui dit être ma mère se nomme Sagar et je l'appelle par son nom car c'est tout ce que je peux pour elle pour mériter son nom de Yaye il faudrait d'abord qu'elle commence par être réelle. Maman elle, je peux la toucher, je peux compter sur elle, je n'ai pas besoin d'avoir de la connexion pour lui demander conseil en cas d'urgence. Khar lui, il se fout royalement de me parler ou pas, il peut rester des jours sans tomber sur moi, dés qu'il se connecte, je me déconnecte mais il en a rien à cirer. Vous l'avez compris je parle de mon père, celui qui a sauté un soir tout saoul revenant d'un concert de son artiste préféré, il éjacula de moi ; pas étonnant que je vibre au rythme de la vie : je me laisse porter par le vent, je vais là où on m'attend le moins et je brise lois et règlements sur mon passage. Maman, c'est-à-dire ma grand-mère, est complétement dingue de moi, depuis toujours elle défendu oncles et tantes de lever ni la main ni la voix sur moi et j'en profitais à fond pour déroger à toutes règles possibles et inimaginables. J'allais jusqu'à leur faire accuser de choses qu'ils n'ont pas faites quand ils me refuser une faveur. Puis j'allais tranquillement dans mon coin attendre impatiemment que la foudre leur tombe dessus, ensuite e leur faisais de ce rire, ce fameux rire qui donne envie à l'autre de pleurer davantage. Je ne dors jamais dans mon lit, je fais des cauchemars de mes propres démons, je partage le lit de Maman mais que de fois je l'ai regrette, certaines nuits quand elle se met à péter à n'en plus finir et ça elle sait le faire mieux que quiconque. Péter c'est son affaire à elle toute seule, moi qui dors tardivement, scotchée sur mon téléphone entrain de mater du porno, elle le cul orienté vers mes narines en train de sortir tout sorte de gaz intestinal, elle pette jusqu'à brouiller mon signal, elle pette jusqu'à me déconnecter, elle pette jusqu'à vider ma batterie. Je n'en pouvais plus alors j'ai adopté une stratégie, une opération de sauvetage de la victime que je suis en la piquant avec une pince à chaque fois qu'elle se mette sur l'autoroute jusqu'à que ce qu'elle s'arrête, elle croit que souvent à des moustiques et dès qu'elle se réveille je faisais semblant d'être celle qui dort depuis longtemps. Un jour je fais exprès d'aller au lit avant elle, quand je l'entend venir se coucher je lance alors les festivités en vidant le contenu de mon ventre par jets saccadés les uns plus forts que les autres et avec une odeur qui dépasse l'odorat humain. Maman sauta du lit pour aller ouvrir rideaux et fenêtres et me tapota l'épaule sûrement pour que j'arrête. Le lendemain je lui dis que j'ai fait un rêve dans lequel on se faisait un concours de qui péte le plus dans son sommeil, depuis ce jour Maman a modéré ces pets. Depuis mes sept ans, Khar a ordonné à Maman de me conduire chez Baye Dali pour m'initier à la lecture du coran mais ce dernier voulant péter plus haut que son cul pour enter dans les bonnes grâces de mes riches parents me mit un voile sur la tête et depuis ce jour je porte ce mouchoir de tête comme une sainte nitouche alors que je suis ni plus ni moins qu'une sorcière qui suce le sang de ses proies en plein jour jusqu'à la dernière goutte. Qu'est-ce que Dali n'a pas fait pour me convaincre de porter ce bout de tissu, voulant à tout prix que mes parents soient fiers de lui. Que de fois il m'a offert des friandises pour me faire garder ce gadget et quand j'en voulais encore je n'avais plus qu'à l'enlever de nouveau. Je ne manquais jamais de goûter, j'en avais toujours plus que j'en avais besoin. Je lui en faisais voir de toutes les couleurs, en un moment les cadeaux ne suffisaient plus, je réclamais un autre type d'arrangement à Dali : l'argent directement. Quand je sortais de l'école, je lançais par terre le foulard dans la rue et j'accourrai à la maison à toutes vitesses, Maman n'avait d'autre choix que m'en acheter un de neuf et dés fois c'est la femme de Dali qui s'en charge car à chaque fois que je sors en partant de la maison ou de l'école je m'en débarrassais au plus vite. Dali et Maman compromirent de m'acheter un de ces voiles non détachables qui te collent au cou alors je simulais des maladies et je pleurais à n'en plus finir. Dali, Maman et mes parents finirent par céder et me proposer une somme d'argent à chaque fois que je ramenais une tête voilée alors étant très petite je recevais déjà un salaire. Quand Sagar et Khar appellent ensemble je leur fait la tête, je renfrogne et je me désintéresse de la discussion et ne participe que si j'ai une doléance en affichant la mine d'une éternelle insatisfaite. Dès que je voyais leur appel je me détournais, ils s'adressent à Maman en me donnant un surnom croyant que jeune je capterais pas alors que je faisais semblant de les ignorer juste pour recevoir davantage d'attention de leur part. Je les entendais chercher vainement à me plaire surtout Sagar, en réalité je n'ai rien contre elle mais je ne baissais jamais la garde en présence de Khar, lui réglait tout avec de l'argent. Je posais ma tête sur les genoux de grand-mère, je faisais semblant d'être profondément plongée dans le Net alors toute mon attention n'était captée que par la discussion des adultes. Dés qu'un d'eux tentait de s'adresser à moi, je fais semblant de rire ou de lire avec souvent un commentaire du genre « Ah ! Putain quel con, celui-là », « Mon DIEU ! Elle est sérieuse elle ? », « N'importe quoi ». un jour je me rappelle m'être levée brusquement de Maman en dansant, criant et sursautant comme un cabri, que de fois je l'ai fait pour juste m'éloigner quand la discussion devenait ennuyeuse. Khar et Sagar n'ont rien d'intéressant à dire sur ma personne, à peine suis-je née qu'ils m'ont renvoyés au pays pour me faire ''éduquer'' car disent-ils ne vouloir l'influence des grandes villes occidentales. Mais il n'a pas fallu grand-chose à une grand-mère à qui on a confié son petit enfant et de l'argent à gogo pour faire de moi une dévergondée à tout attribut.

Tous les ingrédients étaient réunis pour une bonne éducation mais hélas quand on change les règles du jeu ou qu'on ne les respecte pas, ces mêmes ingrédients peuvent donner un autre menu. La seule évocation de mon nom constitue une terreur dans le voisinage, les gens se méfient de moi, les parents somment leurs enfants de ne point se rapprocher de moi, les visages se détournent à ma vue, les regards deviennent sérieux avec des yeux qui semblent dire « tu n'es pas la bienvenue ici », « passes ton chemin », « personne ne veut de toi ici » ? la dernière fois que les voisins m'ont fréquenté l'anniversaire des dix ans, on doutait de mes qualités d'impolitesse mais ce jour-là j'ai fait carton plein en mettant tout le monde unanime. J'accaparais d'abord la piste de danse à moi toute seule avec des mouvements inopinés qui mettaient les invités mal à l'aise : je gambadais, je plongeais, je sautais, je criais et je tapais sur tout. Au passage je bousculais quelques enfants jusqu'à les mettre à terre, je confondus la danse et l'art martial et je blessais des mormons. Le comble de l'histoire que personne ne m'a pardonné c'est que ma dernière fantaisie a atterri sur la table des dégustations : gâteau se mêla aux autres friandises, le sucre se mélange au salé, les boissons à la salade, tout était de travers. Cerise sur le gâteau, je courus avec mon corps imbibé de toutes sortes de mets, vers les cadeaux pour les ouvrir. En ce moment je sentis la main de mon oncle pincer mon oreille et me conduire à la douche et à mon retour, devinez quoi, la maison était de tous ses étrangers. Le lendemain à l'école j'ai compris et depuis lors je fais cavalier seul, même en classe où je m'assoie toute seule et que personne même le prof ne vient m'importuner. Un prof qui n'a surtout pas envie que je l'ajoute à ma liste « d'amis », une amitié que j'entretiens de façon très particulière. Mais s'il existe une personne qui donnerait tout pour se railler de cette liste c'est bien Madame Tamba, tout commença quand elle a décidé de me changer car selon elle quelqu'un devait le faire et elle s'y à coller. Madame Tamba se plaisait à me rabaisser et enchainait punitions après punitions, au début cela marcha bien car c'était la première fois que je me faisais punir de toute ma vie et cela renforçait son égo de femme mais ma réaction ne se fit pas attendre. Terrible je sais l'être quand je veux et la sournoiserie est dans mon sang, quand il s'agit de représailles je suis celle qui met tout le monde d'accord. Je commence alors par observer ses habitudes quotidiennes en prenant le temps qu'il faut pour mieux dérouler mon plan divin. J'étais celle qui faisait tout ce qu'elle me disait et me comportait sans dérapages devant elle, imaginez alors quand elle apprit pour mes ''petites cadeaux''. Je fais toujours partie des premiers qui sortent en cas de pause, après quoi je revenais discrètement au bout de quelques pour débuter mon œuvre. Je pris une lame très coupante que j'avais sauvegardé minutieusement la veille dans mon sac et je coupais les bouts de ses talons hauts qu'elle a laissé en classe en portant d'autres chaussures plus rasées pour sûrement faire reposer ses pieds le temps de la pause. Je retournais à mes pairs comme si de rien n'était mais ce n'était que le début car quelques semaines plutard, après que le vent ait passé, je frappais encore et cette fois en enchainant mes forfaits. L'école avait certes commencé une fouille régulière de nos cartables alors je me contentais des moyens du bord mais que peut bien manquer une cour élémentaire pour frousser les adultes. Je passais toutes mes récréations à réfléchir sur la manière efficiente d'utiliser toutes ces disponibilités et surtout que cela ait l'air tout naturel. Entre glissades sur peau de bananes en salle des profs, dans les toilettes, à côté des voitures ; dévissage de chaises, mots doux au tableau, les sons de pets, les lancées dans le dos, l'écriture de petites histoires inventées sur le mur de l'école. Les premiers de la liste comme Madame Tamba ont été les plus gâtés, ils ont eu droit aux vers de terre et aux crottes de chien du gardien sur la table, dans leur tasse et même dans leurs assiettes. L'horreur allait de mal en pis et tous les jours on criait au sandale et tel un jeu cela m'amusait encore et encore. Jusqu'au jour où le gardien remarqua que j'étais bien trop matinale que d'habitude depuis un certain moment et il commença à épier mes moindres faits et gestes, j'ai beau faire attention mais l'excitation d'un enfant qui en fait baver à ses détracteurs me perdit. Les uns n'étaient pas surpris mais les autres qui croyaient m'avoir dompté étaient complétement déçus car ils se rendirent compte qu'ils n'ont pas fait mieux que les autres. Maman n'en pouvait plus des allées et retours sur le chemin de l'école, tous les établissements me fermer la porte au nez. Un matin je lui dis que je ne voudrais plus aller à l'école, je voulais travailler car je n'aimais pas l'école et cela me prenait tout mon temps car je savais exactement ce que je voulais faire. Mais Maman n'était pas de cet avis car son idée était que j'aille à l'école des jeunes filles là où les règles sont strictement strictes. Il était hors de question que je me conforme aux obligations et commencer alors pour moi une longue série de fugue et d'école buissonnière et j'avais de bonnes raisons car je m'étais trouvé un petit boulot à côté que j'épargne pour les périodes de vache maigre dans le futur car c'était évident que mes parents allaient un moment ou l'autre me faire une punition financière. Alors tous les matins je sors bien sapée et je me dirige vers mon lieu de travail chez le Vieux Dary, il tient un grand commerce depuis des années derrière notre école. Je ne sais pas s'il avait pitié de ma face innocente ou s'il redoutait lui aussi ses secrets les plus enfouis mais évidemment il fallait avoir mon âge pour penser que ma famille ou l'école ne se rendraient compte de rien et pourtant c'est ce qui arriva pendant un long moment car ils ne me croyaient pas capables de pareille chose et de si prés. Le vieux Dary me faisait confiance et me confiait petit à petit des responsabilités que j'exécutais avec passion et je me faisais de l'argent en échange. En peu de temps je changeais des choses en y apportant ma touche féminine et en imposant mon caractère d'enfant gâté sur l'égo surdimensionné des jeunes gens essentiellement composé d'hommes. Je les terrorisais au plus profond d'eux et je mettais à nue toutes leurs magouilles et manigances sur le dos du pauvre Dary, ils me méfiaient alors de moi en essayant de m'amadouer avec des cadeaux et moi comme d'habitudes j'en profitais. J'étais la reine des petits hommes et la princesse du vieux Dary, lui prenait toujours ma défense peu importe le scandale que je drainais derrière dés que je sortais mes caprices de femme, ils imploraient tous les saints pour que je m'arrête.

Mon âge trompait aussi mes cousins germains car ils me croyaient inconsciente de leurs tentatives, étant précoce et de taille vite remarquable, deux d'entre eux me disputaient. La fête de la Nativité s'approchait à grands pas et moi je faisais mon marché. Au Sénégal les gens d'une religion n'ont jamais autant célébré la fête d'une autre religion : les musulmans s'approprient cette période de Noel et de nouvel an comme personne. C'est un moment où sort l'arsenal de tout bord : habits, bijoux, paillettes, mets copieux et ils commencent à s'approvisionner des semaines avant. Les magasins de jouets font le plein ; voitures, petits avions, poupées et autres gadgets ornaient les longues brocantes du polyvalent Dary, il sait se réinventer rapidement ; il pouvait être le boulanger du village et devenir le styliste le lendemain. Ce qui me plait le plus chez lui c'est qu'il ne fait pas le radin en faisant le pauvre de façade, il s'habille on aurait dit le maire. Ses ensembles demi-saisons adaptées au climat avec des chaussures fait-maison qu'il commande à son fournisseur local situé à Ngaye, une contrée réputée pour avoir dompter le Dain, et le tissu traditionnel. Il est impossible de voir Dary sans son beau sourire, des dents blanches bien agencées qui ne débordent ni ne jaunissent. Et parfois ses détracteurs lui lancent

_Arrêtes de te promener avec ta brosse à dent Dary, ce n'est pas être civilisé

_ça s'appelle cure dents et non brosse et puis je blanchis bien mes dents pour mieux sourire à mes ennemis, que cela les tue dit Dary en gardant toujours un visage rayonnant

Ce qui pourrait me déplaire c'est que Dary courtisait grand-mère après le décès de grand-père quand j'étais un peu plus jeune, plusieurs fois il m'a soulevé pour me mettre sur ses genoux et quand je récupérais les cadeaux qu'il m'a ramenés, je disparaissais dans l'antichambre pour me préparer à regarder ma série porno préférée. Les vieux tourtereaux s'attirent de temps à autre et se repoussent par vigilance en guettant le moindre regard. Dés fois l'attraction était telle que indiscrétion et prudence n'ont plus aucune importance à leurs yeux et ils s'abandonnaient à l'action telle que le beurre fond sous la chaleur et moi de l'autre côté je ne faisais plus battre le moindre cil. Les yeux écarquillés je matais chaque étape du mouvement d'ensemble, des va-et-vient en parfaite harmonie, sûrement dû à des années de pratique. A leur âge on peut tout leur reprocher : les appareils reproducteurs sont vieux, le bas ventre a perdu de sa rotation d'antan, la semence n'est plus aussi fertile et le champ est désertique mais des exploits comme trouver le point G n'avaient plus aucun secret pour eux. Au fil des mois je ne l'ai plus revu, Maman a dû le larguer ou la culpabilité sociale et sociétale a dû prendre le dessus sur ce vieux flamme.

Bien avant le vingt-cinq chacun de mes cousins croyait avoir le privilège de m'inviter pour le bal de lait et moi je leur faisais croire à chacun de leur côté qu'il avait le monopole de ma danse et à des conditions qu'il ne pouvait absolument pas remplir mais dont j'étais sûr qu'il allait se démerder par tous les moyens pour espérer me dégoter. Je leur faisais courir tous les deux certes mais j'avais un petit faible pour l'un d'eux car on n'oublie pas sa première fois, moi je l'ai fait trop jeune quand j'avais douze et quelques protubérances devant et derrière qui me distinguait nettement des filles de mon âge. A vrai dire je ne faisais que pratiquer les leçons apprises et vues chez les adultes d'un côté les ébats de Maman et de l'autre les mains baladeurs d'un de mes oncles. Il me mettait dés fois entre ses jambes lorsqu'il regardait la télé mais lui y allait avec tact, il s'y prenait comme un adorable oncle qui caresse sa nièce avec tendresse ce qu'il ignorait c'est qu'il réveillait en moi des sensations indescriptibles qui n'avaient jamais étaient là. Pendant que les ado de mon âge jouaient encore au cache-cache moi je goutais déjà au sensuel, sa pâte survolait furtivement mes parties intimes sans se faire remarquer par même l'œil le plus inquisiteur. Pendant ce temps Maman était dans un profond sommeil, croyant que j'étais déjà tombée dans les bras de Morphée car ayant l'habitude de me voir déposer quelques fois par oncle Bira. Maman avait entière confiance en son fils et pensait que tous les cadeaux que je recevais venaient de lui or j'avais d'autres donateurs car j'ai passé mon enfance à faire chanter tout ce qui se trouvait autour de moi et mes parents en premier.

Quand ce fut le tour de mon cousin de rôder autour de moi, de frotter son tourniquet à mon derrière ou de me pousser un peu contre le mur, moi je laissais faire en m'abandonnant complétement à son jeu. Parfois il laissait glisser sa main jusqu'à la descente en appuyant tout autour pour peser la taille de ma verge. Taille qui s'en doute l'effrayait tout autant que Maman le premier jour qu'elle a remarqué que mon appareil grandissait plus vite que mon corps, elle s'est exclamée et je me rappelle l'avoir entendu dire : en voilà une que les garçons ne laisseront aucun répit. Mon cousin aimait simuler des bagarres avec moi, juste pour me toucher et faire circuler sa main sur moi, on partait sur des combines de tout genre qui aboutissaient souvent à ce que nos deux sexes se touchent mutuellement. Et là plus aucun mouvement, il ne faisait que parler ou semblant de parler mais à vrai dire il profitait de l'instant présent en masquant sa jouissance par des paroles incongrues qui n'avaient ni queue ni tête.

_Tu te fous de moi me dit-il

_Qu'ai-je fait répondis-je avec un sourire ironiquement pour lui faire savoir qu'il n'a ni affaire à une sainte nitouche ni à une naive

_pourquoi tu as pris mes chaussures l'autre jour

_C'est toi qui me les a offert pour que je ne dise pas à Maman que tu m'avais tripoté

_Shut ! dit-il en portant sa main sur ma bouche. J'en ai de nouvelles, je te les donne si tu me laisse te regarder pendant ton bain

Ce qu'il ne savait pas c'est qu'il sera même le bienvenu car Maman sera à sa tontine et on aura la maison presque vide, il sourit alors en s'éloignant sous le bruit des pas de oncle Bira. Mais ce dernier ayant eu quelques bribes de la scène appela mon cousin pour lui faire des remontrances jusqu'à lui donner quelques fessées pour le corriger pense-t-il d'un acte ignoble alors qu'il a passé sa vie à me tripoter. Moi perplexe entre pitié et dégoût je restais là à contempler l'hypocrisie d'un tel acte, oncle Bira qui faisant pleurer ce pauvre garçon qui n'a eu pour seul péché que d'être un enfant. En se retournant Bira tomba sur mon encensé qui lui jetait toute la culpabilité de la terre, furieuse j'allais tout faire partir en vrille quand subitement il a compris et me stoppa nette en promettant des cadeaux non seulement à mo mais aussi à mon cousin.

Des années s'étaient passées et j'avais presque dépassée en hauteur le plus vieux de mes cousins, sans que cela ne les importune ils voulaient toujours de moi surtout avec qui rien ne s'est jamais encore passé. L'autre par contre affichait par moment un air de désintéressement car je lui ai offert deux ans plutôt, par un soir d'absence des adultes, ma virginité sous la douche. Il avait quinze et moi douze, tous deux mineurs ignorant la vraie responsabilité présente et future qu'impliquaient nos actes. En prenant de l'âge je me sentais quelques fois mal à l'aise en sa présence mais je me rattrapais en me rapprochant de son frère en lui faisant croire que son frère était un trésor à ouvrir, un nouveau monde à explorer tout aussi frais et neuf ce qui le rendait hyper jaloux et le déstabilisait un peu. La fête était déjà belle de mon côté, je reçus même un téléphone de dernière génération mais oncle Bira ne voulait pas que je sois une prisonnière de la technologie car dit-il « les requins sont sur le web et ils mordent sur tout ce qui bouge », moi je n'ai jamais compris cet homme.

Cette année j'allais me mouvoir vers la ville car je devais intégrer la cour des grands pour avoir sauté plusieurs classes, il faut dire brillante je l'étais même si dés fois l'école me paraissait ennuyante car j'y trouvais de la redondance et peu d'évolution personnelle : les cours sont faciles et n'ont rien à voir avec les choses réelles de la vie. Certains profs nous détestaient ou n'aimaient pas simplement l'école car c'était devenu un passage obligé pour la plupart d'entre eux juste pour surseoir leur condition de pauvreté. Ils instruisaient sans passion, ni motivation et ne souciaient jamais de notre éducation, certains draguaient sans vergogne dans la cour aux heures de pause. Un moment qui devait être utilisé un instant de dialogue, de partage ou de morale de la leçon apprise, eux en profiter de la naïveté du nouvel arrivage tout frais et incrédule. Pendant ce temps les boss traitaient de business, ils écrivaient aux quatre coins du monde pour recevoir des dons et subventions pour le nouveau lycée qu'ils ont eu l'idée de créer et l'ont baptisé : lycée écologique de Madiyana. Ils brassaient des millions avec ce lycée qui défraie toutes les chroniques et déliait toutes les langues et qui tardaient encore à voir le jour. Au début le lycée avait un club écologique qui s'est fait annoncer en grandes pompes avec un président qui promettait ciel et terre en faisant du club un club de rêve mais depuis ce jour ne s'est tenue ni réunion ni la moindre activité. La seule personne honnête dans ce ''sanctuaire de la sagesse'' est le gardien Mbaye, lui seul se soucier de notre avenir, il veillait sur nous en dissociant tout groupe suspicieux. Brutes, brusques et brutales, ses méthodes Mbaye nous a bousculé par tous les moyens mais ne ratait jamais l'occasion de nous prodiguer de précieux conseils qui nous laissaient sans voix. Et le retard, il ne le tolérait jamais, cela le mettait dans une colère noire, une uniforme mal portée était synonyme de renvoi immédiat et il avait carte blanche. La tenue sexy ou extravagante, les comportements agressifs et les tentatives de déperdition Mbaye les flairait très loin et il y mettait tellement de pression que nos efforts d'enfants n'avaient plus aucune valeur à côté et on finissait par abandonner tout projet qui n'était pas lié à l'éducation. Notre lycée était le meilleur du département en termes de taux de réussite mais c'est en même temps le lieu de rencontre de presque tous les adolescents du fait de sa centralité. On le baptisait le quartier général, il produisait génies et cancres à la fois, à midi quand la cloche sonnait les écoliers du coin envahissaient notre lycée et on y décernait de toutes les couleurs. Les couples se formaient ainsi que les cercles d'amis, moi dans mon coin préparant un coup fatal comme d'habitude mais cette fois ma tante avec qui je suis venue habitée dans sa maison urbaine n'allait pas ma laisser faire.

***AUSTRALITA**, gangurru*

Noel 2021 est parti pour être magique. Je viens de déposer mes valises à l'aéroport international de Sydney et je prends le temps d'apprécier ce qui m'entoure. L'Aéroport une si grande infrastructure à perte de vue, des lumières éblouissantes et dotée d'une technologie de dernière génération. Je ne bouge toujours pas le moindre petit orteil, je continue mon étonnement et mon excitation : on ne peut savoir si ce plancher est fait de carreaux ou de cristaux tellement ça brille ; la première personne qui m'aborde me salue chaleureusement et respectueusement, elle tient un appareil de vérification des vaccinés, j'eus son aval pour continuer tout droit vers la sécurité aéroportuaire. Passée cette étape, la dame me souhaite un très bon séjour avec un large sourire aux lèvres ; je sors, bagages aux pieds et un gentilhomme s'approche de moi. Il me parle dans un anglais que je comprends facilement mais mon attention était attirée par l'environnement : je me suis demandée quelle leçon de civisme ont dû recevoir les habitants de ce pays pour que leurs rues soient si nettes et si propres, on aurait dit qu'elles sont parfumées avec l'odeur de la salubrité qui se dégage. Je retourne le salue à l'homme et lui communique l'adresse à laquelle je dois descendre.

Dans la voiture le jeune homme me cause toujours, en tentant de me mettre à l'aise car il a surtout senti que c'était ma première fois ici mais rien n'y fait, j'étais décidée à déjà profiter de la vue. Des drapeaux bleu rouge blanc à chaque coin de rue, des gratte-ciel et des filles aussi belles sans aucun doute je suis au pays des merveilles là où il y'a plus de Kangourous que d'êtres humains. L'homme me dévisage à travers son rétroviseur avec un sourire presque moqueur mais je n'y prête pas beaucoup d'attention je continue dans mon émerveillement. Le hasard a fait que j'arrive dans ce pays en ces heures de la levée du jour, l'air agréable à humer, au loin le roi soleil ne va pas tarder à larguer ses rayons nuançant un reflet jaunâtre semblable à de l'or. Pourquoi vous avez un si beau pays dis-je à mon conducteur, oui madame c'est très beau moi aussi j'ai eu la même impression la première fois mais vous allez vite vous y habituer. Ce qui me surprend, moi qui croyais parler déjà à un australien ; je viens des USA complète-t-il, j'ai immigré ici il y'a plus de dix ans pour assurer un plus bel avenir à mes enfants Dieu merci ils sont tous nés ici. Je vois ça lui dis-je, ne pensant pas les citoyens des pays développés dans une situation de recherche de bien-être économique. Attendez le mec vient qu'à même des USA, qui se targue d'être la première puissance économique mondiale pourquoi ses enfants iraient-ils quémander pitance ailleurs ?

Je vous verrai bien si dans quelques semaines ou mois vous aurez le même enthousiasme et engouement que maintenant, en tout cas tout le mal que je vous souhaite c'est que votre étincelle d'excitation survive après que vous verrez que derrière tous ces murs teintés de paillette se trouve une main invisible très sélective, très organisée et très rigoureuse, trop même ! dit l'homme. Donc le gars le fait que je sois déjà là ne lui suffit pas comme preuve de ma rigueur, devrais-je lui rappeler que je viens d'un tout autre continent qui n'a rien avoir avec son pays. Mais son conseil blague à part, retient qu'à même mon attention et je ne l'ai plus jamais oublié. La première impression réussit, ce pays m'a réellement séduit et le rêve d'une Australie mythique se confirme de plus en plus. Je ne me suis préparée que pour ce jour, la chaleur ne peut me retenir, le vent qui souffle effleure mes frêles joues. Je me dirige directement vers le réceptionniste mais qu'ils sont bien éduqués ces hommes de poste, pas une seule fois ils ne ratent de te sourire pour te mettre carrément à l'aise. On a vraiment l'impression de parler à un ami de longue date ou à un membre de la famille ? Après les formalités d'usage, il m'indique les ascenseurs, pendant qu'un autre s'était déjà occupé de mes valises eux reposent dans un coin tranquille en m'attendant. Elevator comme ils aiment le prononcer en anglais, un joyau tactile qui peut aussi s'exécuter par commande vocale pour éviter au maximum le toucher manuel en ce temps de pandémie cette technologie contribue largement à stopper la transmission du virus. L'appareil est capable d'enregistrer le nombre de personnes dedans et les commandes habituelles d'une personne grâce à une Siri intégrée : je joue avec elle pour la rendre folle en rectifiant plusieurs fois ma commande juste pour la tester mais c'était sans compter sur sa plus que performance qui dépasse de loin Siri. L'appareil avait déjà instruction depuis l'accueil de l'endroit où il doit exactement me déposer au cas où je ne pourrais entrer une commande ; encore une fois l'Intelligence Artificielle a encore battu l'homme sans grande peine. Cerise sur le gâteau, comme pour se foutre de ma gueule, il me lance à la figure « bonne journée Madame » : quelle interactivité plus personne ne pourra se targuer de faire mieux mais tout ne fait que commencer pour moi. C'est évident que cet outil est déjà un génie fini tout le contraire des ascenseurs classiques avec qui il n'y'a aucune interaction et qui souvent tombent en panne et nous mettent dans des situations de panique générale. Ceux-là sont même capables de détecter une baisse de pression et affiche régulièrement l'état du système et alerte automatiquement les réparateurs. Je peux continuer la liste d'atouts mais elle est trop longue et le seul hic que je lui trouve ironiquement d'ailleurs c'est la voix : qui peut prendre le visiteur au dépourvu au moment où il s'y attend le moins, je crois qu'elle devrait s'ouvrir en même temps que l'ascenseur et non quand on est déjà dedans. Je marche tout droit vers ma chambre mais j'en oublie même le décor de l'hôtel et je pense toujours à cet Elevator et je me dis en tête que si celui qui a fabriqué cette merveille se trouve dans le pays, je voudrais bien le rencontrer et malgré mon voile je lui serrerai qu'à même la main car si cela se trouve c'est un de ces dieux des nouvelles innovations technologiques dont ce pays regorge depuis quelques décennies : un regain technique et technologique que personne ne s'explique à ce jour. Une nation autrefois occupée par les anglais qui, en moins de deux siècles a su se refaire une place respectable au sein des grandes nations et encore.

N'eut été les valises posées devant la porte j'aurai dépassé ma destination car j'avais déjà oublié il y'a longtemps encore, le numéro de ma chambre et pourtant je tenais la clé dans ma main gauche. Enfin arrivée, déshabillement dare-dare, bain rapide et prière bâclée je plonge en un seul morceau sur le lit tout couvert en blanc puis je bondis de l'autre côté pour me saisir du téléphone afin d'appeler la restauration et passer la commande du siècle : deux bouteilles de vin, du champagne, de la viande de porc et autres friandises non halal. DIEU va-t-il me tuer avant je ne goûte à ces défendus ? Ce qu'il aurait regretté car tout ce que je veux c'est de lui montrer qu'en l'absence de l'œil inquisiteur de la famille très regardante sur les préceptes de l'islam je ne verse pas dans l'hypocrisie de ''l'abstention si vu'' lol. Je converse vraiment en ces moments avec mon créateur pour lui dire de me faire confiance une bonne fois pour toutes car jouer ne m'amène pas si loin.

La nuit fut longue et la journée passe sans que je m'en rende compte, le décalage horaire aidant je dormis des heures et des heures. Je sors du lit lentement et péniblement avec des bâillements à en plus finir, mon regard est attiré par une superbe colombe posée sur la fenêtre elle m'indique probablement que quelque chose de spécial va se produire aujourd'hui. Je déverrouille mon téléphone, un appel manqué de l'ambassade et un message vocal d'une dame qui me souhaite la bienvenue et un repos mérité tout en me donnant RDV le surlendemain. C'est samedi et ça bouge ici, je n'ai pas l'intention de rester une minute de plus entre ses quatre murs sans me faire une nouvelle connaissance d'origine australienne de préférence cette fois juste pour voir à quoi ils pourraient ressembler mais comment les distinguer d'un américain ou d'un anglais sans demander indiscrètement, qu'est-ce petit détail pour les différencier ? Mais en attendant un autre détail attire mon attention : l'hôtel. Pour le moins calfeutré ou recroquevillé sur son soi, il est ouvert à l'extérieur, très différent des hôtels habituels repliés sur eux-mêmes laissant entrer et sortir une bande spécifique de personnes telle un secte venue de nulle part et se rencontrant par hasard, je continue ainsi mon euphorie telle une petite fille de sept ans devant le père Noel. Je salue la seule connaissance que j'ai pour le moment de toute l'Australie, le réceptionniste il est agréablement surpris que je passe par son nom complet écrit sur l'arrière-boutique de son bureau en grandes lettres. Peu de gens me dit-il y prêtent attention alors qu'eux accordent toute leur attention au détail près à leurs hôtes, c'est leur travail me diriez-vous, certes mais la reconnaissance est une épice dont on ne pourra jamais se défaire l'humanité. Un préjugé me vient alors à l'esprit : les travailleurs de le petite et moyenne classe pourraient tous être des étrangers comme le chauffeur de ce matin du coup je n'ai toujours pas fait la connaissance d'un australien ou d'une australienne. Je n'ose pas demander à Christian sa nationalité aussi me prendrait-il pour une Négre raciste : expression hilare avec deux mots qui vont rarement ensemble. Mais le nom de Christian ne me laisse pas indifférent, je suis qu'à même curieuse de savoir d'où il vient alors je m'approche de quelques pas encore et lui dis que je viens du Sénégal avec un léger sourire au coin de lèvres comme à mon habitude quand je m'apprête à faire une bourde ; je ne m'arrête pas là, je m'enfonce tout droit dans mon entêtement à dévoiler l'identité de l'autre. Les gens ont tendance à nous confondre entre africains en disant qu'on se ressemble tous mais à mon avis chaque peuple à ce détail qui le distingue des autres non ? Christian me répond par l'affirmatif en soulignant que toute fois c'est très difficile de voir ce détail, nous par exemple poursuit-il, ce qui nous distingue des autres blancs de langue anglaise nous ne le savons même pas à part les habitudes alimentaires, les traits de caractère et de comportement ou l'articulation de la langue surtout quand on a en commun cette dernière on nous confond la plupart du temps, personne ne peut deviner de visu.

La nature s'en sort bien jusque-là, elle s'est organisée de sorte que les peuples ne se sentent pas seuls et si étrangers dans un endroit donné, dans chaque continent les communautés ont des traits de différence presque imperceptibles : un sénégalais et un congolais, un chinois et un cambodgien, un français et un belge par exemple. Le préjugé tombe comme du verre sur de la céramique : Christian est bel et bien un australien mais une question demeure, que fait-il à l'accueil ? Chose que je ne tarderai pas à découvrir avant mon départ vu le nombre de jours que m'a assignés la future ambassade de l'Australie au Sénégal. Je lui souhaite de passer une excellente soirée en me dirigeant vers la porte principale.

Il fait un froid tempéré dehors en ce plein été mais le désir de découvrir qui m'anime parait-il que même l'hibernation ne peut résister aux soirées mouvementées de la capitale australe, j'ai hâte de le voir. En poussant la porte d'un night bar, les yeux se retournent sur moi sans doute ils n'ont jamais vu de musulman dans les parages mieux jamais de femme voilée dans ses lieux. J'avance, je panique, dés fois tremble mais continue d'avancer en levant la tête mais en ne fixant personne ou nulle part en particulier jusqu'à ce que j'aperçoive une place abordable pour moi : un mec, une meuf, une place vide. Je sors mon téléphone pour essayer de détourner des yeux mais c'est sans compter sur les curieux plus que déterminés à vouloir connaitre ce que l'islam vient faire dans ce bar. Je me lève en faisant semblant de passer un appel à quelqu'un qui m'a donné RDV et je fais quelques pas vers le bar comme pour passer une commande alors plus aucun regard ne se détache de moi, ceux qui avaient l'attention ailleurs ont été alerté par leurs amis, leurs voisins de table ou leurs compagnons de danse par un coup de coude ou un signe de l'œil. Je sens sur moi des lumières, surement des téléphones allumés prêts à filmer une voilée qui se saoule la gueule, je m'installe confortablement sur ces longues chaises qui probablement reçoivent que très peu des gens de mon espèce. Je fais signe au barman ou barwoman dois-je dire, une blonde tirée à quatre épingles tatouée sur presque tout le corps avec beaucoup de piercings : je me suis dit en tête que même si j'étais teinte de la sorte ce soir je me serais fait démasquée car l'habillement et le gestuel dans ces lieux tout un art. je lui demande d'approcher une oreille, elle s'exécute et part préparer mon verre pendant ce temps pas le moindre battement de cils, les souffles sont coupés, les respirations tues, les verres vides attendent depuis toujours d'être remplis mais leurs propriétaires étaient occupés à autre chose : le scoop de la semaine surement eu égard de tout cet intérêt.

Il s'approche de moi, l'homme au pantalon jean bleu et au Lacoste grisâtre qui vient d'entrer, le seul à ignorer ce qui se passe ce qui lui vaut de m'adresser facilement la parole et avec un merveilleux sourire : mon DIEU, j'espère qu'il est bien australien lui me dis-je en tête, lui je veux bien devenir son amie. L'homme attisait moins la curiosité que la commande que les autres attendaient toujours sans se douter que j'ai fait accompagner cette commande d'une claire instruction : dans dix minutes exactement servez-moi de l'eau. J'espérais qu'entre-temps leur attention serait détournée ou que leurs batteries se vident mais rien de tel. L'homme me lança _dis, j'avais pas remarqué mais tous ces gens n'ont d'yeux que pour toi, j'ai dû rater ton histoire, t'es quoi une star ? demande celui qui se tient à quelques pas de moi, décidé à me montrer tous ses dents. Enchantée de faire votre connaissance, lui dis-je ; moi c'est Tor LITH me répond-t-il instantanément. Je voudrais quitter cet endroit, tu ne voudrais pas me faire visiter quelques environs je viens d'arriver ce matin et j'ai soif de découverte supplié-je presque l'homme. Avec plaisir me dit-il en se levant et en me faisant signe de le suivre, je dépose une somme sur la table de la brave dame, ma complice de quelques minutes et je file tout droit vers la porte : en ce moment j'aurai bien voulu me retourner pour voir leur tête, je les imagine en train de se demander mais qui est cette voilée qui rentre au bar, ne se saoule point, distribue des pourboires et pique un beau gentleman en quelques minutes ? Peu s'en faut qu'ils me suivent dehors

Rien n'égale un ciel d'été, qui s'apprête à fêter la naissance du sauveur de l'humanité, l'enfant Jésus fils de Marie. Tor le mec ne sait pas comment se tenir à côté d'une voilée, ce dut être sa première fois car il dandine un peu à l'écart hésitant entre se mettre à côté de moi ou devant moi car ce ne serait pas judicieux de se mettre derrière une femme étrangère. J'engage alors la discussion pour le mettre à l'aise et vous l'avez deviné son identité est la première chose que j'ai voulu connaitre de lui. Alors parles-moi de ton pays, des gens, des habitudes, de l'art culinaire, du paysage, des kangourous etc…lui dis-je

Cela fait plusieurs galaxies de questions composées de plusieurs systèmes eux-mêmes constitués de plusieurs planètes, en d'autres termes tu me demandes de t'expliquer un univers dit Tor et cela me plut de voir que mon compagnon d'une nuit a le sens de l'humour moi qui le trouvait déjà suffisamment charmant. Ensuite il enchaine, bon on va dire que l'australien que je suis est un échantillon de l'ensemble que tu demandes, je suis né et j'ai grandi ici. Peut-être vas-tu me dire que c'est parce que j'habite ici, mais je trouve ce pays fabuleux et souvent quand on nait dans l'eldorado des autres on s'en sort toujours pas mal peu importe les difficultés car le job le plus misérable dans ce pays te permet de vivre sans dettes. Les gens sont travailleurs et très rigoureux car le système est très sélectif et si tu veux faire partir des meilleurs, tu dois te retrousser les manches et tu trouveras l'État prêt à t'accompagner dans ce sens, il ne demande que cela, l'excellence est pistée jusqu'au fin fond de l'Himalaya. Ce pays a tout pour attirer, je ne me vante pas, le paysage est fantastique les arbres, les animaux répartis dans une géographie presque parfaite, ce n'est pas un hasard que nous avons un tourisme haut de gamme qui attire experts et curieux. La bouffe, si succulente, on a des maitres à chaque coin de rue qui excellent dans l'art culinaire et qui nous viennent des quatre coins du monde ce qui témoigne de sa variété et de sa richesse. Tor est complétement lancé, aussi poursuit-il ; science, technologie, culture, mode, littérature au top d'ailleurs je te ferai visiter si tu veux notre bibliothèque nationale. De tout ce tralala vous ne vous doutez pas que ce que j'ai le plus retenu que le fait qu'il est australien et qu'il a bien envie tout comme moi qu'on se revoit. L'Australie, les étrangers le maitrisent mieux sur la carte que ceux qui y habitent car la plupart ne rêvent que de ça et la nature a voulu que la première fois que je quitte mon cher Sénégal que cela soit pour ce beau pays. Les gens se préparent toute une vie pour y venir moi une seule fois a suffi pour que j'y atterrisse : coup de chance ? Peut-être. Regardes ici c'est, dit Tor en m'expliquant chaque endroit significatif que nous rencontrons : j'ai eu droit un peu de cours d'histoire, de culture et de perspectives et en seulement une nuit je compris pourquoi tant de gens voudraient venir en Australie : tant de talents avec autant de connaissances sur leur propre identité. Je sais maintenant pourquoi tout le monde aime ce pays car tout simplement ses habitants l'ont d'abord adoré avant personne et l'adulent aux yeux de tous. C'est génial !

Nous faisons quelques kilomètres et Tor me demande de nous asseoir un peu comme je viens d'atterrir d'un très long voyage avec beaucoup d'escales en plus. Les bancs sont aménagés de sorte à ne pas occuper trop d'espace dans la place publique, ils se replient quand personne ne s'assoit dessus ce qui améliore nettement la fluidité de la circulation. Des feux allumés un peu partout la nuit par des systèmes télécommandés peu complexes maintiennent la température de la ville ambiente. Tor m'indique un banc non loin dans un endroit plus calme avec moins de monde, sans doute se soucie-t-il de ma timidité ou de mon premier jour ; nous nous dirigeons vers cette place et prenons place confortablement. L'homme me remit deux pièces de dollars australiens et me dit : qu'il nous réchauffe un peu ton ami là ! Un bonhomme qui me paraissait insignifiant à côté du banc mais qui, tout d'un coup semble avoir de l'importance car se trouve être un distributeur de boissons chaudes de toutes sortes quand on y introduit une pièce de monnaie. Nos cafés arrivent et Tor me fait goûter à une spécialité de la région unique en son genre qui m'a plu au point que j'en commande encore sans aucun scrupule pendant que lui se suffit de sa seule tasse sans doute en a-t-il déjà beaucoup pris de cette succulence ?

Dis ! Si ce n'est pas indiscret, que viens-tu faire au pays du Kangourou me demande Tor. Dans le cadre de la création d'une future ambassade ouest africaine, j'ai été recruté par une ONG australienne qui se prépare à faire ses largesses en Afrique francophone et dont le siège sera situé au Sénégal et comme l'ambassade est un projet déjà ficelé cela leur permettra d'avoir les facilitations nécessaires pour le déroulement de leurs activités répondis-je. Cela permettra aux locaux recrutés de venir y faire des stages de formation pour accomplir convenablement leur travail. Je suis donc venue me faire former par l'ONG après quoi j'aurai l'honneur de les représenter sur les démarches dans le déploiement de leurs actions. Tor m'écoute religieusement, dire qu'il ne badine en rien ces australiens, le moindre petit détail ne les échappe. Peut-être serais-je un jour volontaire pour faire ton pays dit-il en me regardant dans le blanc de l'œil ce qui me déconcerte, je détourne alors le regard vers l'immensité qui nous entoure : des espaces verts à n'en plus finir qui encerclent les paysages tout en régulant la pollution des villes. Tor me coupe subitement de cette sensation avec sa question carrément ironique et en ricanant-que faisais-tu au Night bar, j'aime bien les provocatrices de ton genre? Tu débarques là où on t'attend le moins et tu veux te fondre dans la masse, t'étais sûre que t'allais te faire remarquer. En ce moment j'hésite de lui raconter le petit jeu de rôle que j'ai dû jouer avec la barwoman, il n'en croira pas ses yeux me suis-je dit. J'ai alors gardé le silence et me suis contentée d'esquisser un très large sourire suivi d'un assez long silence comme pour écouter la nuit. En ce moment je sentis nos respirations s'accorder avec la nature en un seul mouvement et le calme règne tout autour de nous et à des années de lumière. Je retourne la tête vers Tor et lui lance-et toi alors me dit pas que t'es un solitaire qui se suffit à lui-même dans l'immensité de la ville. Moi me dit-il, je n'habite pas loin, je suis un habitué du bar donc rassures-toi si je te dis que je n'ai jamais vu ta tête dans le coin. Suis démasquée lui répondis-je incessamment. Tor devient plus personnel en me parlant de lui et un peu de sa vie. je suis prêteur mobile-dans ma tête je me dis en une fraction de seconde, j'ai jamais entendu parler de ce type de métier-je dirige une Fintech que j'ai lancé sur le marché des technologies financières, le soir je viens dans les parages pour oublier les chiffres et les gens, ces derniers je les trouve partout certes mais gare à celui qui me parle de nombres en ces heures. Et comme s'il a senti que j'allais lui demander ce à quoi consiste son métier, il enchaine, mon travail est de payer la dette des gens et de me constituer débiteur à leur place. Le montant de chaque dette est converti en coins, transféré en bourse que d'autres particuliers rachètent immédiatement, ce qui fait qu'il n'y a jamais de rupture ni en coins ni en espèces; même les plus petites dettes que les banques classiques ne peuvent accorder nous nous en chargeons. C'est l'une des rares fois où je parle de mon travail en dehors de mon travail et surtout en ces heures de la soirée où les filles ont souvent la tête à autre chose. Je parle rarement de business ou d'argent avec les filles, la plupart d'entre elles est capable d'aimer le pus laid d'entre les hommes. Mais elles ne sont pas connes, elles font semblant d'être désintéressées alors qu'elles ne le sont pas du tout, je joue le jeu et je laisse faire et quand elles atteignent leurs limites tu les vois dévoiler leurs vrais visages. Non mais vraiment c'est moi qui parle là depuis tout à l'heure, mes amis ne m'auraient pas reconnu. Cette phrase me fait éclater de rires et pour le rassurer je lui dis qu'il n'y a pas de mal à s'ouvrir aux autres, on y découvre souvent une version cachée de soi. Tor s'arrête et souffle un moment et je lui dis donc je suppose que je ne dois pas être ton genre ? Je te rassure tout de suite c'est réciproque. La nuit passe comme un éclair dans le ciel

Bonjour la voilée qui m'a toujours pas dit son nom, c'est bizarre que je connais ton adresse et pas encore ton nom, quand vas-tu te décider à me le dire ? Tor se tient devant très matinal comme il me l'avait promis la veille. Alors autant en profiter que de rester seule à ne rien faire et puis j'ai bien envie de voir comment les australiens passent leur repos dominical. Aujourd'hui Tor m'amène dans les bois, il avait consulté la météo et voyait qu'il ferait beau pendant la journée . ensoleillement modéré, vent humide, air pur. Il a garé sa voiture devant l'hôtel, je passe le bonjour à Christian qui me souhaite de passer un excellent dimanche. Tor m'ouvre la portière, je trouve le geste un peu trop galant mais il insiste et je cède en m'engouffrant dans l'automobile. La voiture une pure merveille, dès que t'assois elle te met automatiquement la ceinture et la serre exactement à ta taille, ses fauteuils sont d'une mollesse remarquable pas le temps de glisser, ils accueillent ton corps et s'en chargent tel un massage au moindre coin et recoin de sorte qu'on ait vite envie de dormir. Tor ne conduit pas ce matin, il a laissé la direction à Sofia, un petit robot conçu rien que pour la conduite automobile et doté d'une intelligence routière jamais atteint auparavant par le GPS. Tor m'adresse la parole depuis un moment mais j'ai la tête ailleurs, mes pensées sont attirées par toute cette gamme technologique qui m'entoure et par quel moyen son concepteur a pu dompter la nature pour le mettre sur pied. Il y'a partout des génies pour qui veut bien les voir. Ma question lui fait comprendre que je ne le suivais plus dans la discussion quand je lui demande, votre histoire avec la technologie c'est quoi, vous naissez écran à la main ou quoi expliquez-moi votre secret avant que je ne devienne folle. La prochaine fois j'ai peur que les murs me parlent ou que la terre s'ouvre pour me laisser passer : c'est flippant tout ça insisté-je? Tor finit par comprendre alors où exactement était mon attention, il sourit, sûrement à cause de mes exagérations. Mais la technologie ne cesse de me faire sursauter depuis que je suis là. Tu sais dans ce pays maitrisez la technologie c'est comme se demander s'il n'y'a pas un israélien qui ne sait pas manier une arme me dit-il. La plupart des jeunes sont inventeurs et c'est le minimum à faire à quinze ans car vers vingt ou vingt-cinq ans si on n'a pas déjà conçu quelque qui révolutionne profondément la vie de ses concitoyens on a comme l'impression d'avoir raté sa vie c'est pourquoi on se bat pour être prêt avant l'heure et on fait tout pour ne pas entrer dans la catégorie des ratés car la société la fait payer très cher. Cela compte énormément dans le CV d'une personne d'être redevable à l'État à cet âge. Alors là, je comprends de mieux en mieux tout cet engouement pour l'innovation lui dis-je ensuite j'enchaine en lui demandant, dans une impatience indescriptible là où nous allons. Le mot surprise ça te parles ? Me demandes Tor. Mais j'insiste pour ne surtout pas être surpris davantage que je ne le suis déjà. Dis-le moi s'il te plait dis-je à Tor, si tu me connaissais tu saurais que je déteste les surprises, juste en prononçant ce mot je suis prise au dépourvu par le passage d'un kangourou juste devant la voiture : avec une stature imposante de presque de la même taille que le véhicule. Il semble vouloir me souhaiter la bienvenue puisqu'il ne part pas comme s'il a flairé mon étrangeté dans ces contrées, nous nous arrêtons pour le laisser passer puisque ces bonhommes ne savent pas reculer mais il finit par abandonner et prit son sursaut d'un bond. Je me retourne en demandant à Tor—tu penses qu'il a ses petits en poche ? Tor ne cesse de rire à ma face, non c'est beaucoup trop dangereux pour les petits, en plus je ne sais pas si c'est un mâle ou une femelle me dit-il. Il ajoute après quelques secondes seulement, et voilà on est arrivé, tu vois ce n'était pas si difficile de patienter en plus ce n'est pas si loin des humains c'est à mi-chemin entre la société et la forêt m'explique Tor pour me rassurer. Sans rien attendre je m'extasie en lui bombardant de questions : que renferme cet endroit de si particulier, narres-moi son histoire, quels sont les espèces présents ici et comment interagissent-elles entre elles ? Tor perplexe me répond, tu parles exactement comme un ancêtre africain qui entre dans un lieu habité par un Djinn ou un animal totem, protecteur de la ville ; je vous envie ce côté sacré, vous avez un rapport très particulier avec la nature que nous autres peuples avons déserté depuis longtemps : un blanc peut faire des kilomètres et des années à la recherche d'une vérité que l'africain détient depuis des siècles sans même avoir besoin de bouger le plus petit des orteils, vous êtes vraiment le peuple-mère et votre symbiose avec ce qui vous entoure est extraordinaire. En tant que source-mère vous êtes restés à l'état de racines et laissés les autres évolués vers la cime mais ce que la tige et les feuilles ne savent pas c'est que sans les racines elles se seraient fanées ou putréfiées, et quand une fleur essaie d'impressionner sa propre racine sur sa beauté ou son exposition à l'extérieur cela ne compte pas ! Combien une racine change-t-elle de feuille par saison tout en restant la même c'est dire à quel point la racine est d'une importance capitale. Moi j'écoute Tor me livrer sa pensée avec tout le sérieux que cela requiert, le regard affectif, la voix suave témoignant de tout le respect qu'il a pour le vieux continent. Son discours m'a fait repenser à ma propre personne, moi qui me prend pour une panafricaine je viens de me rendre compte que ce n'est que de nom. C'est fou ce qu'un étranger peut nous apprendre sur nous-mêmes, et si tous les autres peuples avaient ce même regard admiratif sur l'Afrique sans pour autant le dire ? Mais devrions-nous nous attendre à une telle reconnaissance de la part des autres, tout de même serait-il intéressant que la fleur devenue belle fasse clin d'œil à la racine pensé-je.

C'est un pique-nique presque parfait mais on décide de ne pas nous mettre à terre comme des amoureux mais d'utiliser l'arrière de la voiture qui peut faire office d'un van plein-air. Petit-déjeuner à l'Australienne, celui que je m'étais imaginé rien ne manque à l'appel, tous les petits plats et autres crudités que j'avais auparavant recherchées sur le Net. Je déguste sensuellement mon plat en faisant attention au détail qui compose chaque aliment et je ferme à chaque fois les yeux pour mieux apprécier leur saveur. Tor lui ne profite que de la seule chose nouvelle dans les parages, j'imagine que plus rien ne doit lui surprendre dans son plat ni dans cet environnement : alors il me regarde faire mes gestes et manières en s'efforçant au mieux de garder son fou rire pour lui seul mais celui-ci le trahit à chaque fois. Je pourrais y passer la journée lui dis-je en l'entendant rire : c'est excellent, Humm j'adore. Mais dis-moi enchainé-je, et l'islam dans ce pays, j'imagine que si t'es capable de t'isoler au milieu de nulle part avec une musulmane voilée cela ne doit pas être si difficile de vivre ici en tant que musulman ? Vous y croyez-vous aux informations sur nous ? Tor me rassure, le vent du terrorisme n'a pas encore fait ses ravages, c'est la seule chose peu importée dans ces lieux ; tu verras peu d'australiens scotchés aux infos et ces dernières n'engagent que ceux qui les disent ça on l'a compris très tôt. Dans ce pays les gens ont plus de vie physique que virtuelle, on préfère de loin interagir directement avec l'humain en entier et en temps réel pas seulement la partie que l'être humain a choisi de nous montrer et qui le plus souvent, nous le savons tous est maquillée et teintée de mensonge. Si toutes les personnes présentes sur les media sociaux étaient ce qu'ils prétendent réellement, le monde serait merveilleux : on n'aurait pas besoin de se faire la guerre car tout le monde ou presque est content mais tel n'est pas le cas, n'est-ce pas ? Je dois reconnaitre que Tor a profondément raison encore une fois. Quelle perspicacité, beauté n'a jamais autant rimé aussi parfaitement avec intelligence. Tor serait-il franc-maçon ? L'insinuation naturelle d'un sénégalais qui veut forcément que l'on soit beau, soit intelligent et pas les deux à la fois, tu leur dirais qu'il est déjà millionnaire à son âge alors ils confirmeraient par un ''je le savais'' car eux dans leur logique savent tout et surtout les choses auxquelles ils n'ont pas assisté. Tu sais quoi, quelque chose me dit que toi et moi nous allons être de bons amis ou même plus me lança Tor après un long regard et un silence de quelques seconde qui dura une éternité pour moi. Plus, lui dis-je, en appuyant un peu mon regard sur lui à mon tour ; plus ou moins amis qu'à même, le minimum amical finit-il par dire. Profitons de ces instants magiques, en attendant, moi je ne veux plus vivre une vie de promesses, seul le moment présent compte alors je le déguste à fond. Tu dis vrai dit-il. La colombe avait tout son sens hier pensé-je. Quel bonheur d'être ici, dit Tor, on oublie tous les péripéties de la vie et on est face à soi pour rendre qu'à nous-mêmes, pas de regard inquisiteur, pas de jugement, pas de plainte ni complainte, pas de médisance, pas de frustration, pas de stress, du calme rien que de la joie. Tu vas vite redescendre sur terre et rejoindre le monde des vivants, des êtres humains et qui ne peuvent agir qu'en tant que tels lui dis-je. Quel rabat-joie je peux dés fois, je ne lui laisse même pas le droit de rêver. J'adore ton accent africain est tout ce que Tor me répondit donc ce qu'il a retenu dans son pragmatisme légendaire. Le jour où on ira aux plages et autres endroits bondés tu verras que le décor change complétement de sens, ton attention te sera volée et malmenée par ci par là me dit Tor. Ce qu'il ne sait pas c'est que tant qu'il s'agit de l'Australie, je veux bien faire balader mes yeux et mes pensées car je ne suis là que pour ça : découvrir. C'est à cela que doit servir la solitude non, elle doit nous servir à apprendre comment nous comporter en présence et à l'absence d'une distraction pensé-je furtivement. Nous marchons le long des collines e nous stagnant de temps à temps sur une montagne pour apprécier la beauté de la nature vue sur cet angle. C'est fantastique ces endroits comme Alice, je m'émerveille d'heure en heure, quel don de la nature ce pays ; DIEU a dû dire et pour l'Australie, la plus grosse part ; les gens, la nature, es espèces végétaux et animaux sont carrément endémiques tous ont reçu une part belle de beauté et de rareté. La providence adore l'Australie, elle la gâte de ressources et l'éloigne aux yeux de tous les regards, que de pertes humaines avant de la découvrir, que de vaillants hommes ont défendu leurs habitats naturels au prix de leur vie : cela me rappelle un autre continent qui a subi la même ruée mais a eu la malchance de tomber sur le pire colonisateur, on aurait aimé avoir le moins mauvais à défaut d'y échapper totalement. Je continue de croire que ce continent, bien au-delà de ce qu'on veut bien nous faire croire, a détenu et continue de détenir plus de ressources que tous les autres réunis pour faire l'objet d'autant d'efforts et de persécution. L'Australie a eu la chance de présenter une lettre d'excuse à ses autochtones mais à l'Afrique, qui pour lui présenter des excuses formelles. Je te propose d'avoir un emploi du temps cette semaine pour que je te montre des endroits paradisiaques dit Tor qui me fit sursauter et sortir de mes tribulations. Pourquoi pas lui dis-je, je suis partante quand il s'agit d'excursion alors j'ai tout de suite dit oui, contrairement à ce que l'on e disait sur les australiens qu'ils n'ont pas le temps pour personne Tor lui semble en avoir assez pour moi. Les minutes qui suivent le geste de Tor me fait penser que les australiens sont peut-être plus que parfaits, des êtres à part entière. Il s'est dirigé vers la voiture, y a sorti un sachet et me l'a tendu, moi qui déteste les surprises, je l'ai précipitamment ouvert et là une natte, une natte de prière. Sourire aux lèvres, il me dit ne m'oublie pas dans tes invocations. Je n'y croyais pas mes yeux, si soucieux de l'autre je ne savais pas que l'homme blanc l'était à ce point : moi qui a été éduqué avec ce mythe de supériorité et de méchanceté qui entoure le blanc, jamais je ne les avais cru altruiste à ce point. Là d'où je viens on m'a toujours dit de me méfier d'eux, c'est une fâcheuse tendance à tout généraliser au lieu de prendre les choses comme elles viennent et par individualité on a assigné des clichés culturels ou raciaux aux uns et aux autres.

Il est quatre heures du matin, je sors péniblement du lit car la journée d'hier m'a laissé complétement chaos, Tor y allait de surprises à surprises. Masi l'alarme australienne il faut que je vous en parle, prêtez bien l'oreille, une autre merveille. A l'heure du réveil, toute la pièce s'éveille : les fenêtres s'ouvrent, la porte sonne ou klaxonne sait plus, les lumières s'allument, le lit se met à bouger lentement et puis vibre ; l'alarme elle n'est pas fixe elle tourne tout autour et il faut vraiment se lever et être lucide pour le désactiver. Dès qu'on a renseigné l'heure à laquelle on désire se réveiller, il n'est plus possible de dormir. Encore un coup de l'IA qui a bien réussi, qui a tout a connecté, malheur à moi qui a l'habitude de donner une claque à mon réveil classique avent de tirer la couette sur moi pour me rendormir. Aujourd'hui je vais enfin les rencontrer mes recruteurs et il ne faut surtout pas être en retard, à sept heures j'étais déjà prête et d'aplomb à rallier l'autre moitié de la ville, Christian s'est chargé de m'appeler un taxi, mon autre ami celui qui m'a toujours pas dit comment il a atterri ici. Au bout d'une trentaine de minutes on arrive à l'adresse de l'ONG et devant elle une affiche électronique qui ne prend aucune espace, elle s'affiche dans le vide mais ne manque pas d'attirer l'attention avec ses couleurs bien choisies. A l'entrée, juste en passant la porte je reçois un message de Tor qui me « souhaite la chance avec les recruteurs, j'espère qu'ils verront ce que j'ai vu ». Je souris et ce message porteur de joie et de bonheur continua d'égayer ma journée. La rencontre se passa bien, les indications ont été claires, nettes et précises, un emploi du temps a été créé. Désormais j'ai de quoi occuper formellement mes journées intensivement sur le territoire. Parfaire mon anglais est en tête de liste de mes tâches que compose ma formation et surtout sur le plan des affaires, quand j'ai envoyé le plan à Tor cela ne lui a pas empêché d'y inclure son plan à lui. Noel s'approche à grands pas et chaque jour le décor çà et là nous le rappelle. Je me dis ce serait la première fois que je vis un vrai Noel car au Sénégal la plupart le prennent pour une soirée dansante sans le recueillement et la communion nécessaires. Je suis ravie rien qu'à y penser mais qui va m'inviter je ne voudrais m'imposer dans aucune famille et pourquoi pas à l'église directement là où il y'aura surement de la dévotion et des prières à l'endroit de Insa Ibn Mariam Aleyhi Salam.

Cela fait quelques jours que je suis bel et bien en Australie, un pays mythique dans mes rêves que j'ai profondément désiré. Cet endroit m'émeut, ses habitants en tout cas pour ceux que je connaisse sont très sympas, la technologie a facilité leur vécu quotidien et ici les gens semblent glisser dans les rues, les jeunes se déplacent sur des sortes de chaussures roulantes capables de détecter un danger à 10 mètres pour prévenir son propriétaire. Et en Australie les voitures du futur sont déjà parmi nous, moi je me suis arrêtée particulièrement devant cette merveille pour m'incliner et saluer cette grandeur : écoutez-moi ça ! L'Australie a solutionné les embouteillages, tu n'entendras plus parler de problèmes de circulation. L'habillage des voitures est constitué de matière rétractile qui s'adapte exactement à la taille de la surface occupée par l'être humain dans la voiture en longueur et en largeur, la notion de vide change complétement de sens. Quand on est dans sa voiture on risque de gêner personne alors chacun préfère avoir sa propre voiture pour mieux se faufiler, la route ici ne comporte plus ces espèces de dos d'ânes ou autres garants de sécurité, une route intelligente les a remplacé qui détecte automatiquement le danger. Elle s'allonge en ligne droite lisse ou brisée selon la probabilité d'apparition d'un danger en induisant automatiquement par auto-détection la baisse progressive de la vitesse de l'automobile. Plus besoin de bonhomme de sécurité pour réguler la circulation ni poste de signalement vert jaune rouge ou orange la technologie s'en charge. Ici à Sydney la ville est hyper connectée même le citoyen peut avoir accès au bilan, rapports et décisions du gouvernement et de la gouvernance locale en temps réel et en toute transparence grâce à un identifiant obligatoire à la naissance et mise à jour régulièrement. Cette informatisation permet une gestion plus facile de l'emploi, de la santé, de l'éducation les données collectées renseignent directement les besoins. Les citoyens entraient en concurrence utile d'une région à une autre, les jeunes se surpassent de par leur créativité, ce qui passe à Sydney n'a rien avoir avec l'innovation à Melbourne ou Canberra ce qui repousse les frontières de la science le plus lointain possible au grand bénéfice de ses populations. Les citoyens sont impliqués activement dans la vie politique et la gestion générale des affaires car la plupart étant des émigrés chacun ne voulant pas qu'une autre partie se charge de sa destinée. Leur toile est purifiée de toutes banalités, futilités et fake news ; ils se lancent des défis quotidiens pour le bien-être économique, leur plus grand concours tourne autour de l'impact global que peut avoir leur projet. L'Australie a compris qu'on n'a pas besoin de naitre génie quand on peut le devenir, elle a fait de sa population des génies ambulants à la recherche permanente de l'excellence. Dans ce pays même le stylo est intelligent, pendant les évaluations les données transmettent aussi les essais et erreurs des élèves et étudiants ce qui permet à l'enseignant de mieux cerner les capacités et limites de l'apprenant et donc sa personnalité ce qui facilite l'orientation du jeune vers une carrière qui correspond. Le monde s'inspire de cette méthode non seulement pour analyser les notes mais aussi décrypter l'écriture, les formes et dessins. En moins d'une semaine j'ai énormément appris sur la technologie qu'en un an chez moi. Les sénégalais pourraient profiter pleinement de ce transfert de compétences avec l'ouverture de l'ambassade et le fonctionnement de l'ONG. Mais l'Australie verrait que les sénégalais ont un don unique celui de s'adapter trop facilement à n'importe quelle nouveauté, ils épouseront cette technologie avec perfection et en feront la leur en un rien de temps, un peuple aussi génial n'existe nulle part ailleurs. J'adore ce beau pays, je crois que la gaieté des cœurs fait de lui, un aimant qui attire facilement ce qui est meilleur chez les autres, pays n'a jamais été hospitalier. Cette collaboration promettrait de beaux jours pour nos deux pays et l'Australie pourrait faire du Sénégal sa chasse gardée en termes de partage culturel et sa zone géostratégique pour son déploiement en Afrique de l'ouest. L'arrivée de Tor à notre lieu de Rdv me fit redescendre de mes nuages. Madame se triture les méninges encore me dit-il, alors à quoi penses-tu et qu'ont pensé les autres de toi. Une manière de me demander comment s'est passé mon entretien avec l'ONG. Quand j'ai dit à Tor qu'on ne va plus pouvoir se voir comme prévu, il a balayé ma proposition d'un revers de la main insistant sur la tenue de son plan toujours en vigueur, pour lui on peut toujours s'arranger pour trouver des heures libres car je ne sais pas pourquoi mais il tient vraiment à son plan. Là je me suis demandée ce qu'il pourrait de si spécial à une femme noire voilée pour s'accrocher à elle de la sorte mais peut-être est-il juste gentilhomme. Et comme par synchronicité, comme s'il avait lu dans mes pensées, Tor me dit que je dois sûrement me demander pourquoi cette insistance, alors mon étonnement me fait perdre les mots et il enchaine avec sa réponse. Tu sais Samedi matin en sortant pour aller faire mon footing habituel, je suis tombé sur une colombe devant ma porte et nous ici le mythe de cet animal on y croit profondément et cela faisait longtemps que je ne l'avais pas vu aussi proche de moi j'ai alors su que quelque chose de spéciale allait m'arriver ce jour. Mais la journée allait se terminer sans que je ne vis le plus petit signe mais quand j'ai passé la porte du bar et que je t'ai vu sur ce comptoir toi différente de tout le reste alors je me suis dit c'est elle, ce ne peut être qu'elle le signe, tu étais la seule chose qui s'ajoutait au décor routinier de ces lieux. Voilà pourquoi je ne peux plus lâcher mon signe partir, je sais que c'est tout à fait dingue mais j'ai la forte intuition que je ne vais pas le regretter. Et toi tu en penses quoi demanda Tor ? J'ai pas osé lui dire que j'ai vu pareil oiseau sur ma fenêtre, mais cette coïncidence me travaille profondément alors je lui répond que je préfère garder ma pensée sur la question pour moi-même, ce que je fais de mieux quand il s'agit des relations sociales je suis nulle et pathétique. J'ai très vite enchainé sur un éloge du menu que vient de déposer le serveur sur la table, j'ai envie de goûter à cette succulence qui me tortille les narines au point que je ne peux plus avoir la tête ailleurs.

_Un esprit sain dans un corps sain dit ironiquement Tor en frottant ses deux mains

_Que le plus affamé gagne lui répondis-je sans hésiter et la fourchette déjà à l'air

Mais Tor est un esprit intrépide, il n'aime pas les discussions non achevées et les sous entendues alors il insiste, tu es sûr que tu ne veux pas me dire ce que t'inspire mon discours de tout à l'heure. C'était donc un discours ça lui dis-je en évitant tant que je peux de lui répondre mais il revient à la charge en me lançant—tu ne sais pas oh ! Combien je suis patient, fuis-moi, je te suis, j'ai tout mon temps.

_Sous ces cieux je crois que le temps est plutôt mon allié que toi, du temps vous n'en avez pas du tout. Vous avez détrônez les américains depuis longtemps sur la gestion du temps lui dis-je

_Tant que le soleil australien se lèvera sur ta jolie petite face, j'attendrai (Tor)

_Parles moi de toi, de ta famille, de ta vie, je suis curieuse d'en connaitre un peu plus sur toi. Tor doit me trouver totalement en contradictions avec ma position de tout à l'heure pour quelqu'un qui semblait s'en foutre complétement. Mais tous les moyens sont bons pour détourner le sens de la discussion, quitte à paraitre comme une paradoxale, heureusement qu'il est excité à mort à l'idée de me parler de lui.

_Mes parents sont en vie, Hamdulah comme vous dites, vous les musulmans. Ma famille vit pas loin de chez moi, à quelques pâtés de maison seulement, un de ces jours je vais t'y amener, sous peu Inshala. Tor faisait surement allusion à Noel qui est presque là. Ils sont sympas pour des vieux, ils ne sont pas grincheux malgré la soixantaine, ils sont promotionnaires. Tu es sérieux lui dis-je, soixante ans, vieux ? Au Sénégal on est encore grands enfants et puis qui épouse une fille de son âge pour un ménage monogame ? Chez moi sûrement pas, les hommes nous auraient déjà pris pour des vieilles filles à qui on doit trouver des remplaçantes, pour eux dès que tu as plus de trente ans tu n'as plus le choix c'est les vieux ou la chasteté, tu n'as même plus le droit à un jeune de ton âge. C'est dommage, cette mentalité qui s'est ancrée dans notre société et qui laissent beaucoup de femmes sans mari. Tor continue son histoire et stoppa dans mes cogitations

_Mes parents se sont mariés à leur trentième année quand ils ont lancé ensemble leur business Babybrand une industrie qui s'occupe exclusivement du bien-être des nouveau-nés. Il y'a quelque années mon frère leur a conçu Handclean, un robot constitué essentiellement d'une main qui nettoie aussi parfaitement qu'une main humaine et les parents n'auront plus à fuir, à se cacher ou à faire semblant de dormir quand c'est à leur tour de changer la couche des petits anges.

_Cette tâche est exclusivement réservée aux femmes dans mon pays, je ne me rappelle pas avoir vu mon père ou un de mes frères changer une couche de toute mon existence j'interromps rapidement Tor

_Chaque doigt du Handclean produit une solution de nettoiement spécifique qui respectivement savonne, hydrate, saupoudre les petits derrières. Ils ont fait un paquet avec ce gadget, ils vivent bien et n'ont pas besoin de mon argent. Dans notre famille on est entrepreneur de génération à génération

_Oui j'avais remarqué lui répondis-je, vous on vous apprend à identifier des manquements et à les combler par votre créativité alors que nous j'ai l'impression qu'on nous apprend plus à nous plaindre des insuffisances qu'à essayer de les solutionner et pourtant le génie créatif quand il désire s'exprimer plus que tout il est juste extraordinaire mais souvent on ne veut pas faire ce pas de plus, le seul pas qui nous sépare d'ailleurs du succès car les plaintes sont plus confortables

_Tu connais le Van life ? me demande Tor, tu sais que quand j'ai voulu lancer mon Entreprise, j'y ai passé presque une année seul et très loin d'ici, c'était agréable mais en un moment tu dois revenir chez les humains car c'est eux qui vont acheter ton produit. C'est cool ce style de vie, c'est comme les voiliers sur la mer

_ça donne envie de s'évader et de tenter l'aventure lui dis-je les yeux grandement ouverts

_J'ai un Van tu sais, tu peux le découvrir quand tu veux, je n'oserai pas te proposer cette aventure c'est comme dire à une fille de venir dormir chez soi, le Van est très intime mais on pourrait y passer une demi-journée demande Tor avec hésitation ; ma réponse va sûrement le surprendre cette fois, il ne sait pas qu'il a devant lui une personne qui a tant rêvé d'aller à la découverte du monde

_J'aimerai bien le faire un de ces jours, si tu me promets de passer la nuit dehors dans des tentes séparées. Tor surexcité me propose tout de suite le weekend suivant en attendant qu'il réhabilite quelques parties du Van resté sûrement hors d'usage depuis un long moment.

Je propose à Tor de l'inviter au restaurant puis que c'est lui qui a pris depuis que je suis là, je veux bien faire un effort moi aussi de mon côté.

_Ce soir c'est moi qui t'invite mais on y va tôt car demain débute mon premier jour de formation à l'African Social Studies de Sydney. Un institut qui accueille et capacite des étudiants du continent africain uniquement vivant en Afrique et ayant une forte volonté d'études sur les sciences sociales et managériales. C'est à travers un test hautement qualifié sur le talent en général de l'individu qui n'a rien voir avec les notes en classe, le statut social ou le compte bancaire mais un examen qui teste les réels dons de la personne, ses aspirations les plus profondes et les obstacles qui ont barré l'expression de ses véritables capacités. Dans cet institut tu peux avoir la fille d'un président et le fils du gardien de la maison de ce même président dans la même classe car les discriminations financières n'existent pas. C'est le plus beau cadeau qu'un pays développé peut faire à l'Afrique en éduquant ses enfants gratuitement et surtout sans passer par le processus compliqué et dissuasif de l'émigration car à connaissances égales seul le succès triomphe.

_Ecoutes Zenab je sais que tu as envie de me rendre la pareille car depuis un moment c'est moi qui t'invite partout mais dans cet Australie saches que tu es mon invitée et je veux prendre soin de toi jusqu'à ton retour, je le veux, ça me plait de le faire

_Non Tor j'insiste vraiment et cela me mettra plus à l'aise comme tu dis au moins cette fois et je t'en supplie, et s'il te plait proposes moi un endroit haut de gamme car ce soir des billets vont tomber. Tor ne sait plus sur quel pied danser, il connait ce regard entêté d'une femme qui a pris la ferme décision de faire quelque chose, il se résigne et me suggère un lieu. On s'est donné Rdv devant le restaurant pour ne pas que cela ressemble à un de galant. Mais Tor est particulièrement élégant ce soir, je ne l'ai jamais vu aussi charmant, il s'empresse de me faire un éloge sur ma robe mais je pris les devants en lui lançant, tu es trop bien sapé, je sais que tu l'es toujours mais aujourd'hui y'a un petit quelque chose qui fait toute la différence. Tor est pris au dépourvu, il ne croyait pas que je me permets ces écarts de charme pour un homme, il est un peu déconcerté mais souris en me disant –arrêtes—

_Je vais finir par croire que je ne te suis pas indifférente me dit-il. Oh ! Que cela ne te monte pas à la tête, nous sommes justes amis, toi et moi ce serait trop bizarre non ? Lui répondis-je sans hésiter mais avec une voix un peu tremblotante qui trahit tout mon discours et renseigne mon désir profond d'être plus qu'une amie. Mes deux dernières expressions ont travaillé Tor toute la soirée.

Après une entrée un peu épicée, la consistance est servie à l'italienne, nos restaurants sont un peu particuliers me dit Tor, tu peux venir ici et repartir sans jamais goûter aux spécialités australiennes car chaque nuit avec sa communauté qui y serve. C'est une de rotation qui se nomme e'keep, jamais tu ne verras un même groupe deux soirs de suite dans un même restaurant, elle tourne en apportant et emportant sa saveur partout où elle passe.

_C'est un très beau concept, c'est innovant, cela permet de goûter à plusieurs chefs à la fois, j'adore cela et puis pourquoi se contenter d'une goutte d'eau quand on peut avoir l'océan tout entier, les spécialités restreignent notre champ du goût dis-je à Tor

_Et ce qui est mieux c'est qu'aucun groupe ne revient dans un endroit avec le menu passé, on revient toujours avec de nouvelles propositions au grand bénéfice de nous clients dit Tor en malaxant sa langue autour de ses lèvres et en se frottant les mains tel un gourmand qui s'apprête à faire mal à son estomac

_Ça en fait une belle variété de plats à goûter, une autre facette du génie créatif australien. Je retouche au gel posé à côté avant de découvrir le plat du jour pendant ce temps Tor s'était depuis longtemps débarrassé de tout ce qui lui barre la route vers la dégustation. Il prend le temps d'apprécier avec précision chaque ingrédient et en laissant entendre après chaque bouchée des « Hum ! Trop bon, l'équipe s'est surpassée» Je lui souris pour lui faire comprendre à quel point il entrain de massacrer son plat mais Tor n'y prête pas beaucoup d'attention

_Vous les femmes vous ne devriez payez que la moitié du prix si rien ne bouge presque de vos plats , quand on est là pour manger alors on mange.

Le restaurant ne désemplit pas mais avec les mesures d'hygiène, la sécurité a dû limiter les entrées mais le gérant est très créatif, il a usé de superpositions pour occuper les espaces supérieurs avec un design très innovant.

Tu sais je veux bien être ton amie, plus qu'une amie je veux dire. En ces mots Tor tourna tout son être vers moi et me dit –j'attends toujours le mais, je le sens--, tu as raison j'ai trop peu d'amis dans la vie. Je n'en trouve pas l'intérêt car s'il faut s'entourer autant le faire avec des gens de haute qualité et ces derniers manquent cruellement dans nos sociétés. Je n'aime pas commencer des fréquentations sans queue ni tête qui ne m'apportent pas grand-chose et ne m'élèvent en rien et me font perdre du temps. Ce ne sont pas des conditions que je suis en train de te poser c'est juste pour te faire comprendre mon principe de vie car un ami je veux tellement lui faire confiance de sorte qu'on puisse dormir sur un même lit nus tous les deux et en étant certaine qu'il ne me fera n'essaiera rien sur moi. Un ami est loyal, conseiller, protecteur, défenseur, collaborateur, complice. Après toutes ces énumérations je regarde Tor qui n'a toujours pas changer de posture et lui dit, tu n'as plus du tout envie de devenir ami avec moi du tout après toutes ces ''barrières'' ? Plus que jamais me répondit-il sans broncher

_Alors amis ? Me dit Tor en me tendant sa main, je lui tend l'extrémité de mon voile, il ne pouvait plus se retenir de rires—tu n'es pas sérieuse finit-il par me dire—

Je prends un taxi pour rentrer à l'hôtel et Tor pris le sens opposé dans sa voiture, il m'appela sur le chemin et se faisant passer pour mon paternel

_Alors jeune fille on y va direct dans sa chambre pas de détour, arrivée tu éteindra ton téléphone tu dois te lever de bonne heure demain, le réceptionniste tu le salue et tu montes pas de bavardage

_Tu es pathétique, serais-tu jaloux de ce pauvre jeune garçon, qui m'accompagne jusqu'à mon lit et qui est toujours le dernier à me voir tous les soirs

_Non parce qu'à partir de maintenant, je me charge de ce dernier détail, tu peux lui dire de rester à carreaux car je t'accompagnerai jusqu'au lit

_Alors tu confirmes ce que je disais, tu es bel et bien jaloux de Christian, lui n'aurait aucun mal à me porter jusqu'à ma chambre, costaud qu'il est lui dis-je pour le provoquer un peu

_Mademoiselle cette discussion est close, je ne veux plus entendre de détails encore moins un compte rendu dit Tor avec un air de frustré

_Ce côté sérieux ne te va pas du tout ; ça se voit que la douceur est ton fort dis-je pour le rassurer

_Tu as raison dit Tor en changeant de ton expressément, je ferais sûrement un père que l'on ne prend pas au sérieux, je vois bien ma femme ou mes enfants me railler après instruction.

_Non moi je pense plutôt que l'on va te respecter sur ce que tu es et non sur ce que tu essaies d'incarner. Je suis arrivée terminai-je ma phrase

_Et moi dont, me dit Tor, je viens juste d'arriver, c'est quoi cette synchronicité entre nous, on aurait dit des âmes sœurs ? Une fois de plus l'hésitation féminine me retient et je lui réponds par la pensée « tu serais étonné de tous les signes que l'on partage » ; la science doit se demander ce qui se passe dans le cerveau d'une femme, on aurait dit deux ou plusieurs cerveaux qui cogitent en même temps : cette indécision ne peut pas être imputée à un simple caprice

_Oui ça en fait des signes est tout ce que j'ai pu lui dire.

_Je te dis à demain alors, je sens que tu vas rapidement déballer les escaliers et tout bâcler pour aller te coucher, n'ai-je pas raison ? Tor se rassure mais il n'avait pas tort, je pris congé de lui sans les au revoir d'amourette de qui va raccrocher le premier. Néanmoins il m'envoie un message qui dit qu'il va venir me prendre à la descente vers douze heures et quart, je souris du coin de la lèvre, je dépose toutes choses confondues qui me séparent d'une bonne douche et je file comme une sirène entre les vagues de l'espace pour atterrir dans un spa, petit clin d'œil à la technologie.

Etant une couche-tôt lève-tôt mais cette nuit-là, une pensée me perturbe au point d'emporter tout mon sommeil. Dans la matinée après ma rencontre avec l'ONG j'y étais pour visiter le Grand Centre des Œuvres Nationales mais l'intendant m'a dit que l'accès est formellement interdit aux étrangers. Une si grosse œuvre, regorgeant d'aussi grands archives d'hier à aujourd'hui qui ne peut être visité que par les australiens ou un résident permanent de plus de vingt ans ou une personne ayant acquise la nationalité australienne et dans ces cas on fait vœu de secrets de ne pas partager publiquement des documents issus du Centre et de ne jamais citer en détail une œuvre issue du centre comme source en se limitant seulement au titre. Les organismes de lutte pour l'accès à l'information pour tous se sont plusieurs fois indignés sur de telles pratiques mais en vain. Les autorités ont promis de faire avancer dans ce sens mais toujours rien. Je me suis posée la question pourquoi dans nos Etats on n'a pas ces sortes de centres qui ne soient accessibles qu'aux vrais citoyens du pays mais si cela se trouve ce sont les autres pays se faisant appelés développés qui ont leurs centres secrets sur nos propres territoires sans que même nos autorités y ont accès. D'autres questions surgirent de ma tête, quelle est la valeur des documents accessibles au grand public, deviennent-ils crédibles au regard de ce jeu à cache-cache ? Si tout le monde n'a pas accès au même type d'information peut-on penser que l'Institute of African Social Studies parmi tant d'autres n'est qu'une farce ou une autre précarité pour juste soigner leur conscience. Tout compte fait ils en ont le droit mais ce droit est-il universel et valable pour tous ?

Toutes ces réflexions m'ont donné juste envie de déjà m'exciter pour le cours de demain, à coup sûr je ferais des misères à mon prof en le bombardant de questions sur l'accès limité de ce centre même si le sujet n'aura rien avoir avec. Mais si cela se trouve lui ou elle me répondra –moi aussi je n'ai pas eu la chance de visiter ce centre--, ce qui serait dommage. Alors tout ce qui me reste à faire c'est dormir car demain sera une journée pleines de surprises comme ''je les aime''.

A ma très grande surprise, le cours d'aujourd'hui est dispensé par un Eminent Prof, prix Nobel de son état, qui a été consacré pour ses travaux sur la Neuro économie, il nous a régalé sur le Neuro marketing, le cours est tellement intéressant que j'ai oublié la promesse que je m'étais faite la veille. Il nous a expliqué l'avenir des Neuro sciences dans le champ des décisions économiques de l'homme. Bientôt dans une décennie, tôt au plus la décision de l'homme, son libre arbitre concernant la vie économique ne va plus lui appartenir et cela a sûrement déjà commencé depuis longtemps avec la publicité mais cela va s'empirer et passer à la vitesse supérieure car le centre des décisions du cerveau sera la principale cible : nous achèterons ce que nous ne voulons pas et voudrons ce que nous ne pourrons jamais pas acheter, cela nous rendra dingues. Prof dit que nous serons tous des consoboteurs d'ici là.

Tor me retrouve au milieu de toutes ces réflexions, il est évident que le cours ne m'a pas laissé de marbre il m'a rendu moins bête que la veille et a renforcé au degré supérieur mes hésitations. Il me lance tout de suite

_Evites de te faire du mal, jeune fille, dans ton regard je peux voir que tu mobilises toutes tes neurones et cellules gliales en ce moment, je ne sais pour quelle pensée mais ça cogite fort là-dedans

_ça fait longtemps que tu es là ? Lui demandé-je,

_Assez longtemps pour remarquer que tu n'étais plus de cet environnement me répond Tor. Cela me donna tout de suite de tester mon cours sur lui

_On commande lui dis-je ? Et lui surpris mais excité répond par l'affirmative. Alors je me mis à flatter le dernier de sa liste de plats préférés. Tu sais aujourd'hui quelqu'un m'a vanté les bienfaits de la Tourte à la viande, en entendant ce mot Tor est d'abord choqué mais il a envie d'entendre la suite qu'il me laisse continuer. Cette personne est vraiment connaisseur de ce plat, il dit que les gens préfèrent la tourte avec la sauce Worcestershire qu'avec la purée de pommes de terre et les pois mais que cette dernière recette est mieux pour la santé et encore meilleure durant la journée car le corps a plus besoin de ses ingrédients que tu détestes que ceux contenus dans la sauce. Ta langue peut te maudire sur le goût mais ton corps te remerciera pour toute cette énergie que tu lui as apporté, Tor m'écoute religieusement de sorte que quand le serveur s'est pointé il ordonne à celui-ci de nous emmener deux plats de son plat non préféré. A mon grand étonnement Tor mange sa tourte et donne des appréciations sur ce plat, il est évident que quelque chose dans sa tête lui avait changé pour lui faire voir du bien dans ce qu'il ne désirait pas. Combien de gens agissent tous les jours exactement comme Tor ? Qui n'a pas déjà été victime de ces stratégies ? Et si moi amatrice, qui vient de découvrir cette méthode je peux convaincre quelqu'un jusqu'à lui faire changer d'avis, imaginez les ravages d'une science toute entière consacrée à cela. Mais à vrai dire je n'étais pas sûr si le choix de Tor ait été déterminé par mes tentatives ou qu'il était juste fasciné de me voir parler aussi longtemps mais en tout cas il a commandé le plat que je rêvais tant de goûter une fois en Australie, il mords à l'hameçon et mes mains sont toutes propres.

L'influence et la manipulation seraient donc l'arme utilisée par les grandes puissances et les multinationales pour posséder notre libre-arbitre. Notre choix et décision ne nous appartiennent plus puis que l'information pour les prendre est falsifiée en amont à travers nos sens, notre mental, nos sentiments. Tor le pauvre, dois-je lui dire que je venais de le prendre comme cobaye dans mon expérience à son insu, cela ne devrait pas lui plaire ?

Poussant mon panafricanisme à bout je ne pus m'empêcher encore de penser à ce centre qui me refusera éternellement l'accès et dont je ne trouve aucun moyen d'y remédier car on ne choisit pas là où nait, je resterai toujours une étrangère pour ce centre. Suis-je entrain de regretter d'être née ailleurs et surtout que ma noirceur ne fait place à aucune nuance et mon voile me démarque facilement dans tout groupe. Que peut bien cacher ces centres présents un peu partout en Europe et qui selon certaines voix basses, certains chuchotements ne seraient inaccessibles qu'à certains types d'étrangers bien précis. Des secrets d'histoire ? Des trésors ? Des mystères ? La clé de la civilisation humaine ? Et si le Négre était le seul exclu ? Ce ne serait d'ailleurs pas la première fois mais alors que pourrait bien contenir un centre africain, à coup sûr les autres pays nous forceraient la main pour y avoir accès, si ce n'est eu qui les construisent pour légitimer leur accès. Et pourtant que de savoir et savoir-faire, africains.

Les africains gagneraient mieux à transcrire la sagesse contenue dans leur mélanine c'est toute la pertinence de leur mission sur cette terre. Ils ont enseigné à l'humanité aux premières heures, ils doivent aussi corriger ses erreurs car tel un cercle fermé tout est parti d'Afrique et tout retournera en Afrique. C'est curieux de voir que de l'ensemble des messagers envoyés sur terre, aucun n'était noir ceci est saillant car démontre que le fait que l'africain n'a jamais eu besoin d'être mis sur les rails de la sagesse encore moins de la civilisation comme on se plait à lui faire croire. Si entre le noir et le blanc, il y'a eu un effet de dilution, je me demande qui d'entre les deux détient toujours la solution la plus concentrée que l'on peut diluer encore et encore ? Mais donc que suis-je venue faire chez les blancs ? Et surtout qu'est-ce que cette formation a à m'apprendre sur mon passé ou sur le devenir de mon continent ? Une ONG devrait plutôt être intéressée par les questions de Développement, pourquoi de la Neuro économie et surtout du Neuro marketing, qu'y a-t-il à vendre et quel est le besoin de connaitre la réaction du cerveau ?

Ces élucubrations m'ont fait oublier que je suis en train de parler de l'Australie, un pays qui a décidé de lancer sa candidature à la course pour la première place mondiale en termes d'économie et de développement à travers son fer de lance qu'est la technologie. Et si d'ici à 2050 la moitié de la population mondiale vivra en Afrique il y-aura là un gros marché qu'il ne faut pour rien au monde rater. Et moi alors dans tout ça ? Suis-je seulement le dindon de la farce ? Que me vaut l'honneur d'être enrobée dans ce projet ? Quand je me rappelle lors de mon Videw que la dame faisait l'éloge d'être très vivante, très hypersensible aux pensées et sentiments d'autrui, ce trait de caractère avait donc tout son sens. La formation en Neuro marketing facilitera alors que je puisse faire écouler leur produit peu importe ce que cela puisse être et à qui le veuille ou pas. Cette ONG n'a donc aucun sens et ne servira qu'à couvrir les australiens une fois sur place qu'ils puissent magouiller sous couvert de volontaires locaux. Depuis que le scandale a éclaté sur le zircon, l'État du Sénégal a retiré des licences d'exploitation à des sociétés étrangères et notamment celle d'une société australienne présente dans le sud du pays. Comme ils ne peuvent acheminer des techniciens en bon et du forme ils changent de méthode tout en gardant l'activité avec la complicité de certaines autorités locales qui sont prêts à prendre leur parti et à les défendre jusqu'à leur dernier souffle. Je suis sûre que dans le futur ils feront de moi leur complice, si je ne le suis pas, pour distribuer leurs dérivés et produits technologiques sur le marché africain.

Les rues de la capitale ne désemplissent ni le jour ni la nuit, les préparatifs pour Noel vont bon train. La réouverture des frontières vient à son heure et tout le monde veut assister à l'étincelle magique : un robot en forme de roue qui fait le tour de toute la ville en jetant des couleurs à chaque demi-mètre, son parcours est diffusé en direct par des drones qui le suivent au mètre prés. Tor va passer Noel avec ses parents, j'ai dû décliné respectueusement son invitation car Christian m'a demandé en premier et comme il ne disait rien, peut être me prenait-il pour acquis ?

Minuit va sonner bientôt, la fête chez les SMITH est très mouvementée, famille, amis tout le monde est là. On prie, on chante, on danse mais surtout et surtout on boit beaucoup. Christian qui est complétement déchiré, il a dû boire l'équivalent de six verres et il est complétement arraché et les autres membres de la famille aussi surtout les hommes qui ne finissent pas de se servir encore et encore. Il ne reste plus que quelques minutes avant que minuit pointe son nez, la maisonnée est carrément excitée, les pleurs et recueillements ont fait place à des cris et à des charabias que personne ne comprend. Moi avec mon jus d'orange, je me tenais un peu à l'écart en regardant la scène choquée, ne sachant pas qu'on pouvait boire autant pendant les fêtes. Christian se lève et se dirige vers moi, une bouteille à la main, il dandine comme un canard, torse presque nu, ses yeux s'ouvrent péniblement, il se ramène en poussant son être avec tous ses efforts. A ma grande surprise, il lui résiste encore de la lucidité et le gars me converse calmement dans un langage de rue

_Dis Zen, toi qui es musulmane, tu ne fais pas les mecs avant le mariage, non ?

_Oui on peut dire cela lui répondis-je, perplexe

_Donc malgré ton âge tu es toujours vierge ?

_Je n'ai rien dit, tu l'as trouvé tout seul lui dis-je en ayant l'espoir d'avoir retrouvé mon ami. Sauf que ce dernier est bourré et ce qu'il m'a dit ensuite m'a fait flipper

_Oh ! la chaudasse, tu dois être très mûre pour une chatte, comme un vin qu'on a conservé pendant toutes ces années. Ça te dit ta première fois avec moi, je t'assure que tu ne vas pas le regretter me demande Christian comme s'il ne m'avait pas assez frustrée. Il tente de mettre son bras autour de moi, ce que je repousse, il pousse alors des cris qui ameutent des curieux

_Eh ! Les gars par ici une bonne nouvelle : trentaine et toujours aussi vierge dit Christian en même temps que retentit 3, 2, 1, joyeux Noel. Un des hommes qui écoutait me lance alors en bredouillant

_Il est minuit vierge Marie !

Je ne contrôle plus rien, mes hôtes sont comme des zombies, ils articulent des mots que personne ne comprend. Je jette mon verre à même le sol et je fais deux pas en arrière, je me saisis de mon téléphone et je détale à grandes enjambées. J'envoie un message à Tor pour qu'il me sauve de ces hommes déchainés. Après tours et détours je m'enferme à double tour dans une pièce tout à fait au fond qu'ils auront du mal à deviner dans leur état. Tor débarque une heure plutard, il me trouve dans état désagréable, je suis passée par toute le formes d'émotions ce soir. Je ne pensais pas m'en sortir vivante, d'un coup mes doutes se sont transformées en cauchemars et j'ai fait baigné mon esprit en eaux troubles. Christian s'oppose un peu mais Tor le tient à l'écart en appuyant une poussette sur lui et m'escorte jusqu'à la porte et là je file tout droit sans jamais me retourner. Tor ne m'adresse même pas la parole, il est choqué et très énervé, son attitude montre qu'il ne trouve pas les mots pour me consoler ; il me fait alors un long et gros câlin.

_Bonjour tu as bien dormi me dit Tor, un café à la main ; je le regarde sans mot dire, je me scrute et je jette un regard vite fait tout autour

_C'est quoi cet endroit ? lui demandé-je

_Hier après les pleurs, on est resté dehors un peu et tu t'es rendormie sur la banquette en regardant les feux d'artifice. J'étais peu rassuré de te ramener à l'hôtel alors je t'ai amené à mon appart

_Ok ! dis-je avec les yeux écarquillés, la bouche entre ouverte avec un air de souffle coupé. Tor a compris et il me rassure

_Il ne s'est rien passé, j'ai dormi sur le canapé ; de toute façon j'aurai pas osé d'après ce que t'as vécu. Regardes tu as toujours tes habits d'hier, t'as pas eu le temps de quoi que ce soit. Fais pas ta parano, je ne peux pas te sauver d'un quasi viol collectif et venir le faire à leur place, on est pas tous des vauriens en ces heures de la fête

_Suis désolée, vraiment ! Je ne voulais pas douter de toi

_C'est pas grave me dit Tor, je comprends à quel point tu tiens à ton intégrité avant le mariage et je le respecterai. Il se lève et me lance en s'éloignant « Bon alors tu viens »

La honte de ma vie, j'étais tellement obsédée par ce qu'il y'a entre mes jambes que j'ai pas fait attention de blesser un innocent qui m'a sauvé la vie. En plus d'avoir interrompu sa fête. Je me le fis pas répéter deux fois. Je me lève, me prépare et le rejoins au salon

_C'est pour qui tout ça ? Tu as invité la reine d'Angleterre ou quoi ? Il y'en a au moins pour dix personnes avec toutes sortes de mets

_Plus qu'une reine, une impératrice venue d'Afrique, petite fille de Soundjata Keita, de Shaka Zulu et de Kunta Kinte, héritière de la Linguère Ndaté Yalla et de la guerrière Aline Sitoe Diatta, digne héritière de Cheikh Anta DIOP celui sans qui le Négre baisserait encore la tête par ignorance de sa vraie histoire.

Ces mots me traversent tout l'être avec un frisson qui me fait un si grand plaisir que je ne sache quoi répondre

_Wow ! Je vois qu'on a fait des recherches lui dis-je en cachant tout mon émoi, c'est bien aucune faute sauf que je ne savais pas que j'étais de la lignée de ces braves hommes et femmes

_Tu serais étonnée de tout ce que je sais sur toi et ton cher pays grâce à toi. d'ailleurs dis-moi : la virginité pourquoi est-elle aussi importante chez vous, est-ce un fait culturel ou religieux ?

_Laisses moi te raconter une histoire d'amitié entre deux femmes et tu comprendras son importance dans notre société lui ai-je dit

Kumba et Malika sont amies depuis toutes petites, elles étaient voisines de quelques pâtés de maisons et sont allées ensemble à l'école. Aujourd'hui elles ont plus de vingt ans et c'est l'heure où elles subissent toutes formes de pression familiale et sociale pour se faire accrocher le grappin. Malika est musulmane, teint noir portant bien accroché son voile, elle est fiancée à Balla qui vit à l'étranger. Elle fait partie d'une famille traditionnelle très regardante sur la chasteté. Kumba elle, est sans engagement, elle fait des études en Agriculture moderne en milieu urbain. C'est une fille respectable et respectée qui s'habille bien, parles avec classe et surtout est très libre dans sa tête. Kumba ne vit plus avec ses parents, depuis qu'elle a pu décrocher un stage en temps partiel dans un agrobusiness de la capitale elle a pris une chambre rien que pour elle, qu'elle ménage avec sa bourse d'étudiante. Ses recherches sont sur la Neuro écologie, en particulier elle bosse nuit et jour pour proposer à l'État un projet d'urbanisme neuro écologique. La société dans la capitale elle travaille propose depuis plus de dix ans à l'État une capitale verte et aménage dans un peu partout à Dakar des espaces verts complétement naturels et décoratifs. L'objectif recherché est d'impacter le cerveau des citoyens à travers l'interaction qu'ils ont avec la nature et de booster leur bien-être. Cette méthode a déjà fait ses preuves participant ainsi à la diminution des troubles psychologiques et les données de faits divers liés au stress ou à la dépression comme les suicides, folies, agressions, les homicides involontaires et même certains meurtres et crimes ont chuté. Kumba est une jeune fille tenace qui aime défier les lois qui ne vont à l'encontre de ses choix de vie, elle sait que les neurosciences ne sont pas développées sous le Sahara malgré cela elle a entrepris d'étudier une de leur branche. Elle s'y prend outre mesue, elle glane des informations sur des sites et articles scientifiques, suit des séminaires virtuels. Elle fait partie de ces jeunes sénégalais qui luttent ardemment pour la préservation de la santé mentale de l'individu. Elle a compris que nous vivons dans un monde de propagande et d'influence permanents qui affectent profondément des non-initiés ou peu avertis. Notre attention est tiraillée par le désir d'attention d'autrui qui eux aussi veulent à tout prix être vus, remarqués aussi longtemps que possible. A l'air des media sociaux toutes les stratégies et stratagèmes sont utilisés pour garder au maximum possible l'attention de l'autre sur soi car l'interaction est un facteur de rémunération alors tout le monde s'y met et tous les moyens sont bons pour recueillir des clicks. Le projet de Kumba est créer des jardins verts intelligents où les jeunes puissent se retrouver pour discuter, s'informer, rechercher et chatter tout en gardant les pieds sur terre et la tête sur les épaules.

Le téléphone de Kumba sonne, c'est Malika à l'appareil. Kumba très découragée d'être dérangée en pleines réflexions fructueuses mais elle ne pouvait refuser de parler à sa meilleure amie, celle qui prend toujours le temps de s'enquérir de ses nouvelles. Alberta est le nom que lui donne Malika car elle dit qu'elle ressemble à une Albert Einstein derrière sa paire de lunettes, ses multitudes de papier et son scribouillard éternel

_Comment tu vas ma Alberta ? Toujours aussi contente à changer le monde

_La Sainte ça va et toi ? Et les prières, la natte et le chapelet tu les fais toujours souffrir répond Kumba avec un rire moqueur

_C'est DIEU qui te le fait dire. Je ne sais et fais que ça, je veux être comme Mariam, devenir une ascète est mon rêve dit Malika

_C'est tout le mal que je te souhaite comme ça tu prieras pour moi pour que DIEU ne me châtie pas de mes péchés répond Kumba

_Repens-toi ce n'est jamais trop tard, DIEU est miséricordieux et arrêtes de prendre ses sous-vêtements comme habits, tu es trop provocatrice. Tu es une musulmane, tu ne dois pas mener une vie à ta guise et être libre comme l'air sans tenir compte des limites imposées par la religion explique Malika

_Comment vas ton père, il a du mieux, lui demande Kumba qui a voulu l'arrêter gentiment et changer de sujet. C'est avec un souffle coupé instantanément que répond Malika

_Oui il se porte bien, il demande de tes nouvelles souvent dit Malika pour ne pas donner à son père le mauvais rôle dans son comportement habituel avec Kumba.

_Moi ? S'arrête nette Kumba et balaie tout ce qu'elle voulait dire. Ok passes lui le bonjour, je viendrais vous voir un de ces jours.

_Viens me voir chère amie, tu sais bien que les parents me laissent rarement sortir. Et puis depuis que tu as aménagé dans cet appart, il n'est plus possible de venir chez toi sans qu'ils ne me collent mon petit frère aux basquettes. Si je leur demandais de m'offrir une chambre en dehors de la maison, ils me tueraient d'abord avant de me le donner dit Malika en riant.

Malika Diatta fait partie d'une ethnie très ancrée culturellement dans ses traditions et religion. Sa famille l'a éduqué avec une rigueur sans nulle autre pareille. Le père un homme d'armes converti à l'islam avant d'épouser la mère qui elle était déjà musulmane. Le respect strict des principes s'imposant naturellement à elle bien avant sa naissance. Mais Malika est née à l'ére de la technologie. Pour une fille qui ne part plus à l'école, elle a tout son temps pour surfer sur le Net, publier des photos, se faire de nouveaux amis tous les jours et chatter jusqu'à des heures tardives de la nuit. Et ça M. Diatta ne s'en occupait pas, il a compris les besoins minimes de cette génération lui tout ce qui l'importe c'est que sa fille porte le hijab et prie cinq fois par jour pour tout le reste de l'éducation il ne s'en souciait pas, il a une confiance aveugle à sa fille et il se félicitait d'avoir réussi un exploit avec sa fille, plusieurs fois il donnait en exemple sa fille à ses amis quand leurs filles avaient eu des comportements peu recommandables. Il a inculqué à sa fille cet d'attitude de jugements de valeurs et de reproches envers les autres, il la place tellement sur un piédestal qu'elle se croit meilleure de sa génération. Madame Diatta a toujours eu du mal avec de tels arguments, elle qui est une femme simple mais très intelligente ne tardait jamais à rappeler la réalité du monde dans lequel on vit, que la perfection n'existe nulle part, que sa fille a le droit de faire des erreurs comme les jeunes de sa génération pour mieux apprendre les leçons de la vie. La mère craigne qu'un jour leur fille fasse une grosse bourde et n'osera pas en parler avec eux car Malika avait arrêté très vite ses études et comme elle ne sort pas beaucoup, son intelligence ne va pas aussi loin. Mais M. Diatta s'entêtait à vouloir faire de sa fille une chaste qui doit inspirer ses pairs dans un monde de perverses comme il aime à qualifier les autres filles surtout non voilées. Ce qu'il ne sait pas c'est que sa douce et tendre fille n'était pas aussi chaste qu'elle le prétend en sa présence, comme la plupart des jeunes elle a des secrets, des envies et désirs inavoués. Balla lui a été choisi par son père, ce dernier voulant caser sa fille avec un homme pieux et bien éduqué pour être rassuré quant à son avenir. Malika n'aimait pas Balla mais ne voulait pas frustrer son père qui aurait tout de suite douté de sa docilité. Devant son père Malika était capable de vraisemblable, elle a pris cette habitude de vie d'impression comme repère. Même Balla ne se doutait de rien car Malika lui montrait que ce qu'il voulait voir et Balla ne savait pas qu'il envoyait de l'argent à Malika et qu'à son tour elle se faisait belle pour d'autres. Sur ces réseaux sociaux elle fait partie de ses filles qui ne cherchent que des « like », elle porte tout le temps des photos d'elle avec mode et tendances du moment, elle ne s'imposait aucune limite sur sa vie privée et balançait tout sur la toile en se laissant emporter par la vague d'influenceuses qui n'ont de vie que la virtualité qui leur sert d'existence. Mais Malika n'était pas comme les autres filles qu'elle imitait sur le Web, elle ne connaissait pas les subtilités du monde du buzz et tous les dangers qui peuvent guetter ce qui tentent d'être célèbres par tous les moyens. Elle donnait tous les jours ses contacts à des inconnus ce qui fait qu'elle ne décollait jamais de son téléphone : entre appels, messages, statuts, réels, DM, selfies elle n'a plus la tête que pour ses fans. Kumba elle montre un dur caractère aux inconnus et surtout aux petits dragueurs elle ne leur laissait aucune chance de pénétrer son intimité, elle répète toujours à son amie de faire attention d'étaler sa vie gratuitement et à parler au premier venu ; elle dit n'avoir pas de temps pour ce qu'elle surnomme des ''immatures''.

Un jour tu reçois un appel d'un type inhabituel, le beau gosse qui hante tes rêves depuis un moment, que tu as tout fait pour qu'il te remarque. Le genre de personne qui te demande ton numéro et qui te fait signe qu'un mois après de sorte que tu t'impatientes au maximum. Malika n'en croie pas ses oreilles, elle vient de parler à son crush, il regarde tous ses statuts et réels sans jamais réagir. Celui qui sans la suivre aime et commente indirectement les publications de Malika, il répond à un autre commentateur sur la publication de Malika en la taguant et c'est le débat d'une conversation qui va finir par une rencontre physique. Malika ne sait pas comment s'y prendre pour convaincre son père de sortir plus de deux heures sans aller au marché ou à une manifestation religieuse, elle n'a plus d'autre solution que de mentir à son père en lui disant qu'elle doit aller acheter la dernière version électronique de son récitateur préféré qui vient de sortir. Malika se sent mal de mentir d'avoir à recourir au mensonge pour sortir et surtout de devoir le faire sur le dos du coran mais hélas ses sentiments sont plus forts que ses ressentiments.

Pendant ce temps Kumba se déchire à fond sur son projet, elle se fait le sacerdoce de sauver le mental des jeunes de l'usage excessive de la technologie en leur donnant envie de sortir, balader et se rencontrer dans des endroits verts. Elle ne pouvait deviner le jeu auquel se livre en ce moment sa meilleure amie, cette dernière n'oserait pas lui en parler après les remarques qu'elle lui fait tous les jours.

De retour à la maison Malika ne sait pas que ses parents ont une ''belle surprise'' à lui annoncer, ils vont la marier à Balla dans moins d'un mois, les parents de son prétendant ont appelé. Malika saute de joie mais son corps la trahie, l'excitation passée Malika seule dans sa chambre pleurait de chaudes larmes, elle ne pensait pas que les choses pourraient aller si vite.

Balla est revenu une semaine avant le mariage et la veille avant la nuit de noces, Malika quitta sa chambre cette fois sans se soucier d'une autorisation car le temps ne l'attendait plus, elle a obligation de parler à quelqu'un et Kumba semble être sa meilleure option sinon sa seule. Malika sait que Kumba ne badine pas avec les secrets des autres et qu'à tous les coups, elle aura les meilleurs conseils. La lune de miel se passa à merveille, Balla très content de l'avoir passé de façon traditionnelle dans son village natal là où les noces se font d'une façon très particulière. Le mari rejoint sa femme dans une chambre un peu éclairés avec comme seule lumière un feu au milieu de la pièce qui ne semble éclairer que sa propre ombre. Selon les traditions de la famille de Balla, la tante du marié prépare la femme par un rituel d'usage, elle est chargée de donner un bain fait d'eau bénite, de quelques herbes médicinales, de parfum, de la couvrir ensuite et puis de la placer sur le lit nuptial avec l'aide d'une personne de confiance : ami ou membre de la famille. Kumba s'est auto désignée pour assister sa meilleure amie avant que personne ne choisisse ce rôle car le moment étant crucial et le eju qui doit s'opérer doit être vite fait et bien fait. Dès que la tante met le pied dehors le mari ne tarde que de quelques secondes pour entrer dans la pièce et croise sur le seuil l'autre personne couverte de pagnes comme dans leurs coutumes. Balla ressortit une heure plutard et laisse la place à la tante qui doit nettoyer et masser la mariée, place ensuite aux chants et danses dans toute la maisonnée. La vraie fête ne vient que de commencer, les tambours résonnent jusqu'à l'autre bout du village pour annoncer à tout le voisinage que la fille qui a été pris par mon mari est belle et bien vierge et que son mari est content. La tante brandit le tissu blanc couvert de sang à la face du monde : devant la famille, les amis et invités, et en indexant les autres filles célibataires que si vous voulez un tel jour vaudra mieux vous abstenir. C'est le début d'un respect et d'une fidélité qui témoignent de la dignité de la femme dans la société et au près des siens. Tout sembler bien se passer jusqu'au retour en ville où les deux tourtereaux avaient pris une chambre non loin de chez Kumba pour le temps que Balla doit passer au pays. Malika ne se doutait pas que Balla se poser des questions sur l'identité de la fille avec qui il a couché, il est presque certain qu'il s'agissait de Kumba celle-ci étant probablement trahie par ses gémissements qu'elle s'est donnée tant de mal à contenir. L'autre indice c'est qu'elle n'était pas humide et ne sentait pas le Bint Sudan versée très fortement dans le bain nuptial, le dernier indice et pas les moindres est que malgré une chambre très peu éclairée Balla n'a pas manqué de comparer les corpulences et rien à faire sa douce moitié est beaucoup plus bâtie que son amie qui n'a la tête que pour les études. Balla était très en colère mais ne voulait surtout pas faire un scandale qui aller frapper la famille des générations et des générations encore et encore. Il a voulu régler les choses pas du tout à l'amiable mais à sa manière : depuis le temps qu'il vit aux USA il a adopté une certaine mentalité qui veut qu'on dégaine une arme au moindre froncement de sourcils. Et leur slogan « time is money » il l'intègre à mort, tout ce qu'il veut maintenant c'est que Malika lui rende tous les billets qu'il a investi dans ce qu'il qualifie mascarade, évidemment que l'argent ne passe jamais dans les mains de qui il est destiné mais reste avec les parents qui décident de quoi en faire. Balla rejoins les deux amies au salon principal et pointe une arme sur Malika et lui arrose d'injures comme s'il se croyait dans un film.

_Sale pute ! Maudite prostituée, tu vas bien écouter ce que j'ai à te dire et je ne vais pas le répéter. Tu vas tout de suite me rendre l'intégralité des sommes que j'ai dépensées sur ta fallacieuse personne sinon je te bute sans hésiter dit Balla le visage sombre, les narines dilatées avec une respiration rapide, les yeux rouges, le regard lourdement fixé sur Malika.

Kumba prit d'une peur subite se lève d'un coup en portant ses mains à la bouche, elle tente de calmer le cow-boy

_Balla on va se calmer, personne ne tuera personne, assieds-toi au moins et dis-moi ce qui se passe. Ces paroles énervèrent Balla qui se retourne précipitamment vers Kumba pour la traiter de tous les noms d'oiseau en prenant tout son temps pour insister sur l'intensité des mots

_Toi je te cause pas, tu ne vaux pas mieux qu'elle, au contraire, tu es pire. Balla avança de deux pas vers Kumba en lui braquant le pistolet—Tu crois que je me démerde nuit et jour dans le pays des blancs, en faisant des boulots de merde, garder de petits diables, nettoyer de vieux grincheux, faire de la plonge ou servir des verres à des mecs déjà bourrés pour ensuite jeter mon argent par la fenêtre ?

En ce moment Balla est presque de dos à Malika, celle-là prit de panique exerça de toutes ses forces une poussée sur l'homme qui s'abatte sur terre et Kumba qui était de l'autre côté en profite pour ramasser expressément le révolver et les deux femmes reculèrent instantanément. Mais Balla se croit encore dans la fiction, il se relève, un sourire au visage insultes et menaces, Kumba tient l'arme fermement. Au moindre geste, au moindre mouvement Kumba était à l'affût et prête à tirer, le coup finit par partir et l'inévitable arriva.

Le pénitencier conduit Malika pour répondre à sa visite, Kumba toutes en pleurs est assise derrière le siège d'audience des tôlards. Malika la regarde sereinement pour la rassurer qu'elle n'a pas à s'inquiéter sur son sort

_Salut Alberta, t'as oublié tes lunettes aujourd'hui, j'ai une très bonne nouvelle pour toi, j'ai commencé ce matin à lire un livre très intéressant qui s'intitule « la monarchie dans la république », je n'y comprends rien mais je continuerai à tourner les pages jusqu'à la fin pour avoir le sentiment d'avoir au moins accompli un devoir citoyen dit Malika avec un sourire

_Comment peux-tu encore garder ta lucidité dans cet endroit horrible et pour le temps que tu dois y passer, tout est de ma faute dit Kumba _détends-toi ma belle. Tout cela que tu vois dit Malika en désignant la prison, je peux gérer ça, toi on a plus besoin de toi ailleurs, tu dois chirurgicalement changer la mentalité d'une certaine jeunesse prise dans les griffes de la technologie. J'étais dupe et naïve mais je ne suis pas une merde, cet endroit est une seconde chance pour moi, je compte y sortir tout aussi sage que toi

_Je comprends mieux alors ton effroi de l'autre soir, tu es prête à laisser tes plumes en Australie plutôt que ta virginité me taquine Tor et on s'éclate de rires

Les minutes qui suivent Tor me parle dans un langage très sérieux sans détours et hésitations

_Je n'ai jamais rencontré une femme comme toi, pleine de valeurs, douce et très intelligente. J'ai clairement des sentiments pour toi, je voudrais entreprendre un projet conjugal avec toi aussi longtemps que la vie nous le permette. Je ne me limiterai pas seulement à t'aimer mais aussi à te respecter, cela inclus de te traiter bien au-delà de toutes attentes. Je ne suis ni l'homme idéal, ni l'homme parfait mais je tenterai toujours de m'en rapprocher tant que je suis certain de me lever tous les jours à tes côtés. Tor tient ma main, ses yeux me supplient d'accepter sa proposition, trahie par mes émotions je fais couler une larme qui atterrit sur son bras, il essuie mon visage et m'offre son épaule en guise de réconfort. Mais en attendant tout cela et avant que l'autre con se manifeste, c'est moi qui t'invite pour la fin d'année.

Quand j'ai parlé de ma déconvenue avec Christian à l'ONG, elle m'a tout de suite fait changer d'hôtel, en tout cas cela m'arrange bien car je ne saurai comment le regarder et lui aussi certainement. Les gens ont beau bien se comporter quand ils ne sont plus au contrôle de leur personne ils sont capables du pire, s'en suivent qu'excuses et regrets jamais réparations. Christian mon pauvre je m'en vais et je te pardonne je sais qu'au fond de toi tu ne me voulais aucun mal, mais je te laisse pour seconde chance ta conscience.

Printed by Books on Demand GmbH, Norderstedt / Germany